SALON DE 1852

PAR

CLAUDE VIGNON.

PARIS

Chez DENTU, Libraire-Éditeur,

Palais-Royal, galerie d'Orléans, 215 bis.

1852.

SALON DE 1852.

SALON DE 1852

PAR

CLAUDE VIGNON.

PARIS

Chez DENTU, Libraire-Éditeur,

Palais-Royal, galerie d'Orléans, 13.

—

1852.

SALON DE 1852.

⁂

Observations préliminaires.

Il fallait un coup d'Etat, il fallait que le gouvernement de la France se transformât de la base au faîte, pour que nos expositions annuelles reprissent enfin leur ancienne splen· deur sous une direction habile, sévère et énergique.

En effet, depuis plusieurs années, les régimes plus ou moins représentatifs qui dirigeaient la politique étendaient leur funeste

1.

influence jusqu'à nos expositions, et paralysaient tous les efforts du jury et de l'administration. Dans l'art comme en politique, le parlementarisme tuait tout esprit d'initiative.

C'est ainsi, par exemple, que le nombre des *exempts*, c'est à dire des artistes indépendants du jury, étant beaucoup trop étendu, et le nombre d'ouvrages exposables n'étant pas limité, on pouvait se trouver, comme l'an passé, débordé par un véritable déluge d'ébauches, d'œuvres insignifiantes, de portraits, et de portraits surtout! tous plus mauvais les uns que les autres.

Les expositions devenaient alors des cohues, et perdaient toute leur valeur aux yeux des artistes, et toute leur importance à ceux du public. Le Louvre ou le Palais-Royal n'étaient plus des temples où l'art étalait ses chefs-d'œuvre, mais des bazars où toutes les peintures les plus bourgeoises avaient droit de cité, probablement à titre de produits de l'industrie.

Le mode d'application du suffrage universel à l'élection du jury était aussi fort défectueux;

L'absence de garanties et de restrictions le conduisait tout droit à l'abus. Le premier venu, porteur d'un dessin charbonné ou d'un moellon informe, pouvait mettre sa liste dans l'urne et présenter ses candidats. Toutes les cabales étaient possibles ; car il devenait très facile à une coterie bien organisée de nommer ainsi un jury de son choix et de l'imposer aux vrais artistes.

Aujourd'hui ce danger n'est plus à craindre. Le règlement nouveau demande aux votants une sorte de droit de cité, avant de les admettre au scrutin. Au moment de déposer leur bulletin, l'administration les arrête par la question préalable :

— Avez-vous déjà exposé? c'est-à-dire, avant de nommer les juges des artistes, êtes-vous artiste?

De même que tout collége électoral avant de recevoir un vote demande à l'électeur :

— Avant de nommer les représentants de la France, êtes-vous Français?

Quant au classement et au placement des ouvrages... Hélas! ne rappelons pas une trop pénible expérience! Le Salon de 1851 nous a prouvé une fois de plus, qu'en toutes choses, il n'y a d'organisation logique et possible qu'au nom d'un gouvernement simple, direct et responsable.

Mais, Dieu merci, le Salon de cette année défie la critique la moins bienveillante. Du reste, M. le directeur des musées n'a pas à craindre ses sévérités, car, au premier coup d'œil, on reconnaît qu'une main habile a dirigé l'arrangement de cette année.

Or, qu'importe la manière dont M. de Nieuwerkerque s'y est pris pour diriger la réception et le classement des tableaux ou des statues ! — Il les a fait bien recevoir et bien placer, et nous sommes de ceux qui admettent que, surtout en matière artistique :

Le succès justifie tout.

Le jury d'admission était donc composé cette année, moitié de membres élus au suffrage universel réglementé, moitié de membres choisis par l'administration des Musées. M. de Nieuwerkerque était de droit président, et l'on assure que, de cette manière, l'admi-

nistration était toujours sûre d'avoir la haute
main. Eh bien ! tant mieux, disons-le franchement ; car, pour faire bien mouvoir droit un
mécanisme quelconque , il faut une impul-
sion unique.

La sculpture, si maltraitée au dernier Salon,
est placée aujourd'hui avec goût et discernement. On sent qu'un de nos bons statuaires a
distribué la lumière et placé les figures à leur
vrai point de vue. Mais c'est surtout dans le placement de la peinture qu'on reconnaît des amé-
liorations heureuses : les tableaux sont à leur
jour, et accrochés à la hauteur qui convient à
leur dimension ; leur entourage s'harmonise
bien et ne choque jamais le regard; enfin, on
sent là toute la différence d'un Salon organisé
par le directeur des Musées nationaux avec un
bazar, dont la distribution avait probablement
été confiée au discernement des garçons de
salle.

Il y a des fleurs partout; dans tous les coins,
dans toutes les embrasures des portes et des fenêtres, les jacinthes, les primevères, les rhodo-
dendrons, les lilas, élèvent leurs grappes ou

leurs ombelles parfumées. Puis il y a du goût et presque de la coquetterie dans l'arrangement des salles et dans le placement des tableaux.

C'est ainsi, par exemple, que les œuvres de chaque artiste sont généralement réunies dans une même salle et mises à côté les unes des autres. On évite de cette manière une confusion, pénible et surtout on épargne au public le désagrément de parcourir toute l'Exposition pour découvrir les tableaux d'un seul artiste. Il est vrai qu'en revanche cela donne peut-être non pas moins de variété à l'exposition, chaque artiste n'ayant plus le droit d'envoyer au Salon que trois œuvres, mais moins de valeur à chaque toile; car n'étant plus sertie par des peintures de genres opposés, chacune perd un peu de son relief, et mise en parallèle avec ses sœurs, elle est sans cesse soumise à une comparaison souvent défavorable. Mais que faire à cela? Chaque chose en ce monde a son bon et son mauvais côté; toute médaille a son revers, et surtout en fait d'art, il est bien difficile de trouver une mesure qui réunisse tous les suffrages.

Toutefois, l'amélioration la plus frappante du Salon de cette année est l'ouverture d'une nouvelle galerie au dessus du grand passage vitré, connu sous le nom de galerie d'Orléans. Cette nouvelle salle est éclairée par un très bon jour du haut, et elle se prête admirablement à l'exposition des tableaux, surtout de ceux de moyenne grandeur, qui généralement étaient assez mal partagés dans nos exposi-tions précédentes; en effet, les salles du bas étaient disposées pour les toiles gigantesques qui écrasaient de leur majesté hautaine et de leurs proportions héroïques les peintures de taille moins respectable, et celles du haut, à fenêtres ordinaires, ne pouvaient vraiment donner un jour convenable qu'aux tableaux dits de chevalet.

Chose étrange! le Salon occupe cette année juste le même local que l'an passé; il possède même de plus cette galerie nouvelle, et cependant tout paraît plein et très suffisamment garni, quoiqu'il n'y ait en tout que 1,757 ouvrages

·d'exposés, au lieu de 3,923 ! Il est juste de remarquer aussi que ces ouvrages ne sont pas entassés pêle-mêle dans les escaliers, dans les couloirs et derrière les portes.

Voilà donc un Salon entièrement digne de la gloire artistique de la France ! Ce n'est pas cependant qu'il puisse compter parmi nos plus riches... bien des noms aimés qui se trouvaient égarés au milieu du tohu-bohu de l'année dernière ne brilleront cette année que par leur absence. Ainsi, rien de Robert Fleury, rien de Decamps, rien d'Isabey, rien de Diaz, rien de Rosa Bonheur, un seul portrait de Müller !

Mais si quelques-unes de nos gloires manquent à l'appel du Salon de 1852, toutes celles qui nous sont fidèles ont du moins la satisfaction de se voir en bonne et digne compagnie. Si nous comptons moins de chefs-d'œuvre, de combien de mauvaises toiles ne sommes-nous pas débarrassés ?

Le jury a été sévère, c'est vrai. Beaucoup de tableaux ont été jetés sans pitié dans les ténèbres extérieures, et il y a eu beaucoup de pleurs et de grincements de dents. Mais que voulez-vous, c'est là le dogme chrétien du petit nombre des élus, et si nous considérons les galeries du Palais-Royal comme le paradis, au moins pouvons-nous dire, en guise de consolation, que ce paradis-là n'a pas d'enfer, car les pauvres *refusés* sont tout au plus en purgatoire, puisqu'ils peuvent se représenter l'année prochaine.

Nous sommes donc obligé de nous réjouir, au point de vue de l'art, des *exécutions* du jury, et cependant nous savons, nous aussi, combien sont immenses les douleurs et les luttes des pauvres artistes qu'un refus réduit quelquefois à la misère pour toute une année ! Nous savons cela, et nous ne pouvons que leur donner un sympathique regret

En constatant la sévérité du jury, quelques personnes se sont plaintes de certaines défaillances qui auraient ouvert les portes de l'exposition à quelques œuvres malheureuses qui décorent la salle d'entrée des galeries supérieures. Il faut reconnaître, en effet, que, malgré leur sévérité, les jurés ont eu là un beau moment d'indulgence ! Ne nous plaignons pas encore cependant ; d'abord ces tableaux sont à l'ombre ; ensuite ils sont peut-être décorés de l'EX triomphal qui brave le jury.

Nous n'avons fait encore au Salon qu'une course rapide et curieuse, course impatiente comme est toujours la première, et incohérente surtout, allant d'une salle à l'autre, sans ordre, sans but, et au seul gré du caprice. Durant cette première visite, nous n'avons été arrêté au passage par aucune de ces créations étranges, effarouchées et effarouchantes, qui vous tirent l'œil dès l'abord, heurtent tous les principes et toutes les convenances, et tiennent en échec, par leur bizarrerie, toutes les opinions préconçues.

Tant mieux !

En effet, bien que nous comprenions en principe le droit qu'a toute nouvelle école de se produire et de soumettre ses productions au public ; bien que nous reconnaissions que les efforts des novateurs sont utiles au point de vue du progrès de l'art, il nous semble que les portes de l'exposition ne doivent s'ouvrir que devant les œuvres d'un mérite incontestable.

Les *chercheurs* doivent nécessairement réunir dans leurs travaux trop de défauts à leurs qualités pour que le résultat ne soit pas TOUJOURS une sorte de compromis bâtard entre le laid et le beau, une sorte de composition hétéroclite, dont le seul mérite est de choquer le regard et d'attirer brutalement l'attention au détriment des œuvres sages et consciencieuses.

La fantaisie elle-même, cette enchanteresse, cette fée qui nous entraîne vers ces pays inconnus et charmants où tous nos rêves et nos caprices ont droit de cité, ne doit occuper, selon nous, qu'une place fort restreinte au Salon. Il faut que l'art sérieux, banni presque partout de notre intérieur et remplacé par les étincelants bijoux de sa rivale, trouve au moins sa place dans nos édifices publics et dans nos musées.

Eh mon Dieu ! plus que personne, peut-être, nous aimons ces adorables petites toiles, où sur une nature qui n'est pas la nature, un soleil qui n'est pas davantage le soleil jette ses reflets diamantés. Nous aimons, nous aimons beaucoup, à nos heures de rêverie, enfourcher le dada de la fantaisie et nous laisser entraîner par lui, au-delà du monde réel, dans cette patrie de convention où se retrouvent et se rencontrent tous les poëtes et tous les artistes.

Là vivent, baignés dans une atmosphère d'opale, tous les génies radieux de nos rêves ; là dansent, au milieu de féeriques campagnes, les Péris amoureuses de l'Orient et les blondes Sylphides du Nord mêlées aux Lutins roses et aux diables grimaçants. Là s'enchevêtrent en un tourbillon immense toutes les créations de la folle du logis, tous les caprices enfantés par nos aspirations vers l'idéal.

Mais la fantaisie est la débauche de l'art, et nous savons un viveur prudent qui assure que la débauche a une analogie avec la vertu : c'est que pas trop n'en faut.

Encourageons donc d'abord l'art incontestablement noble et grandiose. Protégeons encore les anciennes écoles et les traditions classiques tant dépréciées depuis quelques années.

En art comme en politique, restons fidèles au passé, tant que l'avenir n'aura pas tracé une route sûre, directe et indiscutable.

Quoique moins riche que l'an passé, le Salon de 1852 n'est déjà pas si mal partagé. Comment médire, par exemple, d'une exposition où nous rencontrons un tableau d'Horace Vernet, plusieurs toiles de Couture, et surtout l'œuvre de Gallait, déjà exposée à Bruxelles l'été passé : *Les honneurs rendus au comte de Horn et au comte d'Egmont par le grand serment de Bruxelles* ?

Comment se plaindre, quand on possède une statue de Pradier, *Sapho*, qui fait les honneurs de la sculpture (et remarquons ici, entre parenthèses, que cette statue ne nous semble pas éclairée à son avantage), deux œuvres de Rude, une de Clésinger, une de Lequesne, etc.

Citerons-nous encore, au moins pour mémoire, trois Meissonnier, deux Bonvin, dignes des Flamands, deux *Vues de l'Océan*, par Jeanron ; une délicieuse marine vénitienne de Ziem, des Animaux de Coignard, de beaux et bons Portraits de Giraud, Verdier, Chaplin, Hébert, etc..., et de ravissants Paysages de cette école aimée où brillent les noms

2.

de Corot, Daubigny, Leleux, Jules Dupré, Théodore Rousseau, Français, etc.?

Non, n'anticipons pas sur l'avenir, attendons, même pour la louange, que l'heure du jugement impartial soit venue, et remettons à notre prochain article nos premières appréciations.

SCULPTURE.

I.

MM. Pradier, Rude et Clesinger.

La sculpture est le premier des arts, disait
lord Byron. Comme lui, nous apprécions surtout cette création sublime du génie de l'homme, qui est la plus noble apothéose de la beauté et qui enfanta jadis les dieux de la Grèce.

C'est sous le ciseau de Phidias, de Lysippe
et de Praxitèle qu'ils sont nés, ces dieux ai-
mables que pleurait la fiancée de Corinthe, sa-
crifiée à la folie de la croix. Ce sont ces artistes

tout-puissants qui ont peuplé les temples helléniques de toutes les divines figures devant
lesquelles les adorateurs de la beauté éternelle
s'inclinent encore aujourd'hui.

Dieux de marbre, aux formes élégantes et
chastes, au port plein de noblesse et de majesté, qui semblent, toujours immortels, revendiquer encore dans les musées de l'Europe
chrétienne l'adoration qui leur est due comme
aux témoins suprèmes des aspirations éter-
nelles du genre humain !

Avez-vous contemplé pour seulement un instant le torse mutilé de la Vénus de Milo ou la draperie noble et grandiose de la Polymnie, sans
voir tout à coup repasser devant la toile mobile
de votre imagination l'imposant cortége des
dieux de l'Olympe ? Et, dites-moi, vous tous
admirateurs de la forme et de ses splendides
manifestations, quand vous les avez revus, ces
dieux aimés de Périclès et d'Aspasie, ne vous
êtes-vous pas sentis au cœur, au moins comme
poëtes et comme artistes, une sorte de tristesse
à leur souvenir, et n'avez-vous pas quelque-

fois regretté de n'avoir pas vécu au temps
de leur puissance?

Pour moi, j'avoue que j'ai conservé un culte
à l'Olympe de la Grèce antique J'aime à rêver encore, assise sur les nuages, l'imposante figure de
Zeus armé de la foudre ; j'aime à croire le monde
éclairé par les rayons d'or du char enflammé
d'Hélios ; j'aime à supposer Diane chasseresse
reine des forêts; à contempler Eros et Anteros
se disputant le monde dans leurs jeux d'enfants, et à diviniser toute la nature sous les
formes gracieuses des nymphes et des génies
qui président aux champs, aux prairies, aux
fontaines, aux moissons, aux vendanges, à
toutes les productions de la terre, en un mot,
et à toutes les fonctions de la vie.

Oui, si j'étais né au temps du Bas-Empire, à
l'époque où le vieux monde luttait encore contre les invasions de la jeunesse toute-puissante
du monde nouveau, j'aurais peut-être, comme
tant de beaux génies éclectiques d'alors , essayé de relier par des chaînes mystiques les
traditions helléniques aux dogmes chrétiens,
pour en faire une poétique synthèse. J'aurais

partagé avec Synésius, Proclus et Ammonius Saccas, les doctrines néo-platoniciennes de l'école d'Alexandrie, et peut-être même eussé-je, comme Hypatie et Plotin, réclamé les droits acquis des dieux de la Grèce, au nom de la beauté immuable et éternelle.

Que de monuments splendides, dignes de tout le respect des âges, que de marbres divins, types suprêmes de la beauté, ont été brisés et dispersés par le zèle aveugle des populations nouvellement converties !

La sculpture est essentiellement payenne, car elle ne peut jamais être, selon nous, que l'apothéose de la forme noble et idéale. Ainsi, nous n'admettons certaines créations ascétiques du ciseau chrétien des artistes de la Renaissance qu'à titre de fantaisies et d'excentricités. Les saint Jérôme et les saint Onuphre sont sans doute des types religieux et dramatiquement vrais, mais ils représentent aussi et surtout une des mille faces de la laideur. Or, le Laid, qui peut quelquefois revendiquer sa place dans la peinture, parce qu'il est un des éléments du Vrai, n'a pas de raison d'être dans la sculpture.

En effet, la peinture, essentiellement multiple, mouvementée et dissemblable, est destinée à représenter dans l'art le côté de la passion. C'est le drame, le drame avec toute son audace et toutes ses licences. La sculpture, au contraire, est une, et demande plutôt le calme et la majesté : elle doit être l'idéal. C'est, si l'on veut, la tragédie avec toutes ses obligations classiques et la règle des trois unités.

La peinture doit copier la nature : la sculpture lui imposer un type et un modèle.

Aussi, un des écrivains les plus équitables et les plus judicieux de notre siècle, M. Guizot, faisait-il remarquer dernièrement, dans un livre, auquel nous avons consacré un article spécial, que la sculpture et la peinture déviaient également de leur route, en se modelant l'une sur l'autre. C'est ainsi que le temps où Lebrun, premier peintre du grand roi, dessinait les cartons des sculpteurs contemporains, vit apparaître les statues gracieuses, mais maniérées, de Coustou et de ses émules, tandis que les époques néoantiques de la République et de l'Empire, où la statuaire des anciens servit de type et de modèle, enfantèrent l'école de David.

En comparant les produits des deux écoles, on sent évidemment que les sculpteurs du temps de Louis XIV copiaient leurs figures d'après des peintures et des dessins, et que les peintres de l'école de l'auteur du tableau des *Sabines* et de celui du *Serment des Horaces* devaient probablement exécuter d'abord leurs compositions au moins en bas-relief.

Aujourd'hui que l'art abandonne de tous côtés les voies traditionnelles et les routes tracées pour s'élancer vers l'inconnu, on voit quelquefois la sculpture tenter des essais étranges, par le ministère des enfants perdus de la Fantaisie. Elle cherche les effets de la peinture la plus romantique.

C'est peut-être là, par exemple, le secret de la sculpture de M. Préault, car il semble s'inspirer des compositions de MM. Delacroix et Chasseriaux.

Nous ne nous occupons pas de cette sculpture, parce que nous ne lui croyons pas d'ave-

nir et parce qu'elle n'a pas de raison d'être
logique. D'ailleurs, cette année ne nous a apporte aucun de ses étonnants produits.

Les trois noms inscrits au livret de 1852,
qui attirent dès l'abord la curiosité, sont ceux
de MM. Pradier, Rude et Clesinger.

Ces trois noms représentent quatre œuvres :
une *Sapho* de Pradier, un *Calvaire* et une
Jeanne d'Arc, de Rude, et la *Tragédie*, de
Clesinger.

La *Sapho*, placée au premier, et, suivant
l'avis de quelques-uns, à la place d'honneur,
ne jouit pas, suivant nous, de tous les bénéfi-
ces de sa gloire. La lumière ne la frappe pas
d'une manière heureuse, et certaines ombres
trop fortes, qui s'unissent désagréablement à
quelques taches dans le marbre, ne la font pas
ressortir à son avantage. Nous avons vu cette
figure à l'atelier du maître, et tous ses aspects
étaient beaucoup mieux mis en valeur. Espérons qu'au second placement, elle trouvera
une place sinon plus glorieuse, du moins plus
favorable.

Nous la voudrions dans les salles du bas, par exemple, éclairée par un jour d'en haut.

Cette statue est une des créations les plus remarquables que nous devions au ciseau de l'illustre maître. Nous lui trouvons même un cachet de noblesse et de grandeur qui en fait une œuvre à part. Ce n'est plus là, en effet, de la plastique pure, ce n'est plus là le culte de la forme seule. Il y a une pensée, et une pensée dévorante, sous le modelé si fin et si vrai de ce front de marbre. Toutes les passions humaines frémissent et se combattent sous ces amples et chastes draperies. On sent une âme dans cette statue.

A quoi bon répéter ici que les bras, les mains, les pieds, sont de chair et semblent avoir la puissance de frémir au toucher ? Pradier nous prouve par là, une fois de plus, ce qu'il nous a déjà tant prouvé, à savoir, qu'il sait mieux que personne tailler le marbre et lui donner la vie.

A quoi bon même parler des draperies ? Et les draperies sont pourtant au point de vue du *faire* ce que les connaisseurs admirent le plus.

Elles ont une vérité, une souplesse, un *flou* qui, pour elles seules valent un triomphe. La tunique surtout, la tunique plissée suivant la mode antique, est un chef-d'œuvre de finesse et de vérité. Ce sont bien là ces vêtements blanchis avec tant d'art par les princesses de l'Odyssée, qui savaient les plonger plusieurs fois dans l'eau des fleuves ou des fontaines, et les tordre ensuite avec assez de soin et de délicatesse pour leur imprimer le gauffrage le plus fin.

Mais ce qui, pour nous, fait de la *Sapho* une œuvre qui pourrait soutenir la comparaison avec la Polymnie antique, c'est cette alliance sublime de la forme et de la pensée qui est le véritable idéal de l'art. Que de passion dans les yeux sombres de l'ardente amante de Phaon! On sent les muscles se tendre sourdement sous la peau... le sang semble couler brûlant dans les veines... Et cependant, quel calme divin! quelle sérénité sublime!

La lyre de la poëtesse est tombée près d'elle. Assise sur le rocher fatal, elle entoure ses genoux de ses deux bras nus dans l'attitude de la méditation, et tandis que le flot caresse déjà son pied blanc, son front chargé d'orages semble défier l'abîme...

Tout le drame terrible qui va se dénouer par un suicide apparaît dans la pose et l'expression de la statue; mais il s'encadre dans une majestueuse pureté de lignes et une noble chasteté de mouvements et de draperies qui exprime le vrai tragique, mieux que tous les corps frémissants et tous les membres tourmentés.

Il y a de la religion vraie et sentie dans le *Calvaire* de Rude. Le Christ a une belle tête, divinement sereine, et le saint Jean, énergiquement jeté, a bien l'inspiration convenable au disciple bien-aimé qui doit être plus tard le voyant de Pathmos. C'est bien là le saint Jean de la légende, le saint Jean tout jeune encore et presque femme, qui reposait sur le cœur de Jésus, le saint Jean qui ne doit pas mourir...

Il y a une science consciencieuse et vraie dans le modelé du torse, des bras et des pieds du crucifié. Ses jambes sont peut-être un peu

— 29 —

maigres.... mais cette observation n'est qu'un peut-être.

La Vierge est insignifiante et mal comprise, disons même franchement qu'elle est complètement manquée. Il n'y a pas de femme sous cet amas de draperies en saule pleureur... C'est le vide funèbre et hideux du mannequin sous ses habits de louage... Oh! monsieur Rude!

Nous avons fait une autre remarque beaucoup plus accessoire qui nous a taquiné; nous voyons au livret que le *Calvaire* de M. Rude est destiné à l'église Saint-Vincent-de-Paul, et cette destination n'implique en rien une idée funéraire. — Pour quelle raison alors M. Rude après avoir posé la Croix sur le monde, ce qui est juste, met-il le monde sur des couronnes mortuaires qui entourent le monogramme du nom de Jésus, ces couronnes sur des palmes, ces palmes sur autre chose qui figure la frise d'une grille de cimetière, et le tout sur des têtes de morts et ossements séchés?

S'il y a là-dessous une allégorie mystique, cherchant à prouver que la croix remonte toutes les zones inférieures et prend racine jusque

3.

dans la mort, nous trouvons l'allégorie trop
obscure, et si cette allégorie n'existe pas, nous
trouvons ce décor funèbre au moins inutile.

La *Jeanne d'Arc*, destinée au jardin du
Luxembourg, sera certainement une des meilleures statues du jardin, et elle viendra clore
dignement le cercle des femmes illustres de la
France qui décore l'hémicycle. Au Salon, cette
figure occupe très-justement une des places
d'honneur dans les galeries du bas. Elle est
bien posée et bien éclairée.

Il y a dans la tête une expression inspirée et
maladive qui suffit à classer la *Jeanne d'Arc*
au nombre des meilleures statues de cette année. Cette tête a une fraternité lointaine avec
celle de saint Jean. Il est dommage que les
cheveux soient lourds et invraisemblables.
L'aspect général de la statue est simple, noble
et vrai, quoiqu'un peu long peut-être, surtout
du côté droit. Mais le côté gauche s'agence
très-bien et présente un profil fin et religieux
qui fait du bien.

Nous trouvons au livret cette notice :
« *Au moment de sa transformation, elle*

» *écoute encore les voix du ciel qui lui trans-*
» *mettent les ordres du Seigneur.* »

Et elle nous explique le mouvement du bras gauche de l'inspirée. — Cependant, ce mouvement n'est pas heureux.

Nous avions déjà vu, l'an passé, le buste de Mlle Rachel, qui fait aujourd'hui le principal motif de la statue de la *Tragédie.* Ce n'est donc pas, à proprement parler, une œuvre entièrement nouvelle, et cependant le nom de l'artiste attire l'attention. D'ailleurs, on dit que la *Tragédie* est destinée à orner le péristyle du Théâtre-Français.

La tète est belle et pleine de passion; les nus sont fins et d'une vérité pleine de morbidesse; l'aspect général a de l'expression. — Mais les draperies! oh! les draperies sont d'une lourdeur, d'une invraisemblance désolantes! Elles se roulent en plis impossibles, se relèvent en replis ignobles, se cassent en *cornets de poivre,* se rattachent en cannelures informes, Elles font mal à voir à côté d'une épaule presque satinée, d'une poitrine bien modelée et d'une tête expressive.

Si nos souvenirs ne nous trompent pas, c'é-
tait aussi par les draperies que péchait surtout la *Pieta* du dernier Salon... Monsieur
Clesinger, faites-nous du nu !

II.

MM. Lequesne, Schroder, Guillaume,
Courtet, Cordier, Gayrard (père),
Ferrat, Frison, Girard, Lescorné,
Moreau, Lévêque, Diebolt, Jaley
et Mme Constant.

N'avez-vous pas observé quelquefois, lecteurs, comme quoi tout s'enchaîne ici-bas,
comme quoi un malheur en amène un autre,
et comme quoi les effets découlent des causes,
souvent de la façon du monde la plus inatten-
due?

Quant à nous, ces réflexions nous viennent
souvent accompagnées de tout un monde de
pensées. Quel incident futile, quelle circonstance en apparence indifférente ont enfanté

souvent les résultats les plus graves, ou bien étendu une influence étrange sur les opinions, la vie, l'heure ou le malheur des individus ou des nations !

Il est pourtant effrayant de penser que si le cocher de **Napoléon** ne se fût pas grisé un soir avant de conduire le premier consul à l'O-péra, et que si, par suite de son ivresse, il n'eût pas fait prendre un galop furieux à ses chevaux, en traversant la rue Saint-Nicaise, la France n'aurait pas vu l'empire, et par suite tous les événements contemporains.....

Si Biren n'avait pas eu la passion de mâcher du papier, il n'eût pas été le Richelieu de la Russie, et M. de Voltaire nous a prouvé *hic et nunc* que si un mandarin chinois n'était pas un beau matin sorti de chez lui du pied gauche, Henri IV n'eût pas été assassiné rue de la Ferronnerie par Ravaillac.

Ainsi va le monde !

C'est pourquoi, chose douloureuse et triste ! il faut se résigner à reconnaitre que si saint Jean-Baptiste n'eût pas été appelé par l'Evangile « la voix qui crie dans le désert », et que

si le palais de justice de Châlon sur-Marne
n'eût pas demandé une statue allégorique au
ministère de l'intérieur, nous ne serions pas
frappé de stupeur en entrant au Salon de 1852
par la mine efflanquée et la bouche béante du
Saint Jean de M. Farochon, ainsi que par les
yeux hagards, la pose farouche et le nez mo-
numental de sa FERMETÉ.

Et si M. Maindron n'était pas né un jour,
par hasard, à Champtoceux, nous ne pour-
rions pourtant pas admirer, dans la se-
conde galerie de sculpture, ce mirifique bas-
relief où les personnages ont quatre têtes de
haut, et des poses... et des tournures... et des
expressions... incomparables.

Quant à la *Geneviève de Brabant* du même
statuaire, nous ne l'apprécions pas. Nous n'aimons pas à dire aux artistes de dures vérités.
Seulement, si nous eussions fait partie du
jury et si nous eussions admis cette statue,
nous aurions désiré qu'elle fût vêtue au moins
d'une draperie de percaline verte. La décence
ne devrait pas permettre d'étaler à une exposition où doivent venir et où viennent for-

cément des jeunes femmes et des jeunes fil-
les, des modèles en complet déshabillé.

Mais passons... oui, passons vite, car je ne
sais pourquoi nous nous arrêtons un instant
devant ces tristes produits de l'art déchu,
quand il nous reste à apprécier encore de ces
œuvres consciencieuses, honnêtes et franchement nobles qui font la gloire d'une exposition
et l'honneur d'un pays.

M. Lequesne nous a renvoyé cette année le
bronze de son *Faune dansant*, l'un des plus
beaux succès du dernier Salon, et, pour ne pas
s'arrêter dans cette carrière heureuse, il y a
joint une nouvelle œuvre : la statue de Ctésiphon.

Voilà de la sculpture comme il nous en faut ;
voilà de l'art qui conserve les saines traditions
des grandes écoles !

« *Ctésiphon*, dit le livret, ayant abattu un
arbre dans une forêt sacrée, Apollon, pour le
punir, lui envoya un serpent qui lui donna la
mort. »

Ce sujet a inspiré à M. Lequesne une des

figures les plus dramatiques, les mieux jetées et les plus énergiques que nous ayons vues.

Ctésiphon vient à peine d'abattre le laurier sacré sous les coups redoublés de sa cognée profane, qu'un horrible serpent s'élance et l'entoure de ses terribles anneaux. L'infortuné berger se retourne avec effroi et pousse un cri d'horreur et de désespoir. Tous ses membres raidis et crispés, tous ses muscles tendus accusent une terreur suprème. Il y a dans la composition un mouvement si vrai, une épouvante si bien sentie, que le spectateur reste atterré; le vrai lui fait comprendre le beau.

Le *Ctésiphon* est une preuve de plus que la sculpture n'est pas un art froid et immobile, comme l'ont prétendu certains adversaires de l'école antique pure. Ainsi, M. Lequesne, tout en conservant les règles immuables du beau et en y conformant en tout point son œuvre, y a mis néanmoins le mouvement et la vie. Cet habile statuaire semble se lancer dans une voie féconde. Il ressuscite l'école de Michel-Ange depuis longtemps trop abandonnée parmi nous. Aussi pouvons-nous dire, sans crainte d'être

4

démenti jamais par l'opinion, que le *Ctésiphon*
est non-seulement une de nos bonnes statues
de cette année, mais encore une des meilleures
qu'aient vues nos expositions depuis quelques
dix ans, parce que l'on y trouve les trois conditions indispensables qui enfantent les grandes
œuvres : l'inspiration, le talent et la science !

Après être resté longtemps devant la statue
mouvementée de M. Lequesne, nous aimons à
reposer nos yeux et notre pensée sur l'*Amour
attristé par la vue d'une rose effeuillée*, statue
en marbre des Pyrénées, de M. Schröder.

Ici l'art s'est fait aussi calme, aussi plein de
tranquillité et de simplesse qu'il est hardi et
énergique dans l'œuvre de M. Lequesne. L'A-
mour de M. Schröder est une jolie étude de la
nature, où se manifeste une grande vérité et
beaucoup de fidélité et de recueillement.
Il y a une sorte de grâce sympathique dans la
mélancolie communicative de l'adolescent qui
donne du charme à l'aspect général de la composition. La tête est fine et naïvement expressive, le corps est délicat et les membres d'une
gracilité encore toute enfantine. En résumé,

l'*Amour attristé à la vue d'une rose effeuillée*
est une des bonnes figures du Salon ; c'est
plutôt une étude qu'une composition ; elle a
plus de vérité que d'inspiration, mais elle assure à son auteur une bonne place et un succès
d'estime.

Avec plus de science acquise, plus de sûreté
d'exécution et au moins autant d'amour de son
art, voici venir M. Guillaume, dont la statue
d'*Anacréon* attire à bon droit l'attention du
public éclairé.

M. Guillaume a conservé dans son *Anacréon*
toutes les qualités antiques les plus pures. Il
s'est continuellement tenu à une hauteur de
style et de pensée qui place son œuvre au rang
le plus respectable. Il y a dans la pose, l'expression et jusque dans les menus détails de la statue du vieux chansonnier grec, mille bons souvenirs de l'antique. C'est bien là le vieil Anacréon
avec sa tête et sa barbe blanche qui le rendent
semblable au lys, mais qu'il aime encore à
couronner de roses ; c'est bien là le poëte, enfant gâté des dieux, à qui Vénus a donné ses
colombes chéries, et qui les montre avec or-

gueil à son dernier festin, tandis que la **Mort**, se faisant pour lui seul aimable et gracieuse, vient le prendre au milieu de l'ivresse et du plaisir.

C'est bien là l'antique chantre de l'Amour, celui qui n'accordait sa lyre que parmi les festins et les fleurs ; celui qui, pour célébrer les glorieux ou tragiques souvenirs de sa patrie, ne trouvait que de tendres accents :

> Je veux chanter à mon tour
> Et Cadmus et les Atrides,
> Mais dans ses cordes timides
> Ma lyre n'a rien qu'Amour.
>
> Je les changeai l'autre jour,
> Puis je me pris à redire
> L'œuvre d'Alcide... Et la lyre
> Ne me répondait qu'Amour.
>
> Héros, adieu ! je vous laisse,
> Car ma lyre est sans retour
> Consacrée à la tendresse,
> Et ne veut chanter qu'Amour.

M. Guillaume a bien compris Anacréon; il semble surtout s'être inspiré de cette première ode, car ce qu'il y a de plus vrai et de plus exact à dire de sa statue, c'est qu'elle a été conçue, étudiée et modelée avec amour : *Con amore*, comme disent les Italiens.

Nous avons déjà vu, en 1849, la *Bacchanale* de M. Courtet, et nous aimons mieux conserver ce nom à cette orgie de l'art, que de nous en tenir au livret de cette année, qui inscrit l'œuvre de M. Courtet sous ce titre banal : *Centauresse et Faune.*

C'est encore de l'antique, mais non plus de l'antique savant; c'est de l'antique de fantaisie, si l'on peut s'exprimer ainsi, pour rendre l'intention de cette composition plus frappante que vraie et qui attire davantage le regard par son étrangeté que par son exécution.

Sauf les quelques *grotesques* que nous avons cités au commencement de cet article, la sculpture, comme la peinture, ne nous donne pas d'œuvres trop médiocres cette année, grâce probablement à la sévérité du jury. On ne voit guère par-ci par-là de vraiment choquant que quelques statuettes malheureuses habillées à la moderne; ce sont sans doute les ressemblants portraits de bourgeois fort estimables,

4.

mais nous ne voudrions pas voir ces types insignifiants ou ignobles envahir nos expositions. Considérée comme portrait de famille,
la statuette n'est pas de l'art.

Mais ce qui est encore moins de l'art, et ce
qui nous paraît souverainement déplacé au
salon de 1852, ce sont les Chinois de para-
vents de M. Cordier. Il est permis de faire
tomber un peu la sculpture dans la fantaisie,
mais pas à ce point.

Nous n'examinerons donc pas si les *Chinois* de M. Cordier sont plus ou moins vrais;
s'ils sont bien ou mal exécutés. Les apprécier,
ce serait les accepter comme œuvre d'art, et
c'est ce que nous ne ferons jamais. L'art est,
selon nous et selon l'opinion générale aussi, la
représentation vraie, mais idéalisée, du Beau
naturel. Les nouvelles écoles prétendent, et
avec quelque raison, que le Beau demande
parfois l'opposition du Laid, pour rencontrer
la nature et produire le Vrai. Mais l'œuvre de
M. Cordier est seulement du Laid pour le Laid;
c'est pourquoi nous demandons la question
préalable.

Si nous sommes justement sévère cette année pour la chinoiserie de M. Cordier, c'est que nous combattons en tout et toujours l'exagération, et que ces magots descendent directement de la tête de nègre qui, comme fantaisie, a obtenu l'an passé le plus légitime succès.

M. Cordier est un jeune statuaire de la plus belle venue pour l'empereur du Tonquin, et nous espérons bien pour lui la protection éclairée du premier ministre, s'il continue à travailler dans les magots.

On assure qu'à la première exhibition de ce groupe exotique, le jury, furieux, l'avait renvoyé aux oubliettes, accompagné d'une apostrophe un peu vive ; mais malheureusement pour le public et pour le jury, et heureusement pour M. Cordier, les garçons de salle ont bonne mémoire, et l'aspect des magots leur a rappelé fort intempestivement :

Qu'en chinois, Fich-ton-Kan veut dire :
Donnez-vous la peine d'entrer !

Mais quittons bien vite les Chinois pour

rentrer dans notre cadre et suivre tranquillement notre petit bonhomme de chemin. Aussi bien, grâces à Dieu! n'avons-nous pas que des magots à l'Exposition de cette année. Nous avons encore à voir de bonnes statues signées de noms aimés.

Voici *la France déposant son vote dans l'urne du suffrage universel,* figure monumentale bien comprise et sagement rendue par M. Gayrard père; un *Christ,* aux draperies religieuses et simples, par M. Hippolyte Ferrat; le *Baigneur à la coquille,* figure en plâtre assez bien modelée, de M. Frison; un *Vendangeur,* statue de bronze, vraie de pose et d'exécution, par M. Girard; une *Ariane abandonnée,* de M. Lescorné, et, enfin, un groupe de M. Moreau, la *Fée des fleurs,* gracieuse coquetterie Pompadour enlacée de guirlandes et tout heureusement composée et arrangée.

La *Lesbie* de M. Lévêque ne signifie pas grand'chose; elle est, de plus, beaucoup plus grande que nature, ce qui est souverainement disgracieux pour une figure couchée. Une figure couchée est nécessairement destinée à

être posée à la hauteur d'un lit, et, par conséquent, elle doit s'en tenir aux dimensions
exactes de la nature sous peine de devenir lourde, grosse, et de prendre des proportions gigantesques et surhumaines.

M. Diebolt a bien fait de ne pas donner à sa
petite figure un nom trop décisif et trop pré-
tentieux. *La Méditation* n'ambitionne aucun
nom historique, elle se borne à être une bonne
et fine étude d'après l'antique, et c'est ce qui
lui mérite l'attention et la bienveillance des
amateurs éclairés. Elle ne s'appelle ni Délie ni
Némésis, et cependant le statuaire aurait pu
se dispenser de lui faire tenir les œuvres de
Tibulle, car il se répand autour d'elle comme
un parfum d'antiquité romaine.

Jolie chose encore que la figure demi-gran-
deur que M. Jaley intitule *Souvenir de Pompéi!*

Des gens curieux, des gens à préjugés...
il y en a partout... des gens enfin qui ne
croient pas que le critique sincère puisse s'af-
franchir un instant, dans l'exercice de son
mandat, des faiblesses humaines, ont paru
croire que nous devions nous abstenir d'ap-

précier la figure que Mme Constant a exposée sous ce nom : l'*Enfance de Bacchus.*

Ils prétendent... voyez un peu la méchanceté!... que parce que nous connaissons quelque peu l'auteur, nous ne sommes plus dans des conditions d'impartialité... Laissons-les dire, et continuons notre œuvre. Nous jugerons l'*Enfance de Bacchus* suivant notre conscience et en abandonnant de grand cœur au public et à nos confrères le droit de cassation.

L'*Enfance de Bacchus*, esquisse en plâtre, est tout simplement le premier jet d'une composition et le premier travail de l'artiste. La qualité d'esquisse que Mme Constant a cru devoir indiquer au livret, indique suffisamment du reste qu'elle ne nous donne pas sa statue comme une œuvre achevée. Mais il y a de la grâce dans la composition : un enfant au sourire vague, aux yeux avinés, la tête couronnée de pampres, écrase du pied une outre à demi vidée, tandis qu'il élève encore d'une main incertaine le riton qu'il a déjà tant de fois rempli.

Tout cela n'est pas fini ; on reconnaît par-

tout l'ébauche par la négligence des détails,
et l'absence de ces finesses gracieuses qui,
surtout dans les statues d'enfants, font ressortir toute la morbidesse des chairs et
constituent par conséquent la perfection *du
faire*. Le manque de fini donne peut-être
aussi au bras levé un peu de raideur ; mais la
composition s'agence bien ; c'est grassement
exécuté ; on sent que l'étude de la nature n'a
pas été négligée, et il y a surtout dans l'*Enfance de Bacchus* une certaine ampleur de facture qui ne ferait pas prendre cette figure pour
de la sculpture de femme.

Cette dernière observation est peut-être le
plus bel éloge que l'on puisse faire à Mme
Constant.

III.

MM. Mélingue, Renoir, Caudron, Du bray, Nan-Hove, Barre, Mme Lefèvre-Deumier, MM. Gayrard (fils), Oliva, Dantan, Pollet, Oudiné, Cavelier, Ferrat et Meusnier.

Voilà l'*Histrion* de Mélingue, une statuette, pourtant ! qui attire bien encore une bonne part de l'attention au Salon de 1852. C'est qu'il y a une expression profondément sentie dans cette figurine, et que le nom du statuaire donne une signification de plus à la douloureuse tension de ce visage, dont nous devinons la pâleur sous le blanc du plâtre.

Histrion! type étrange, qui sur la scène fait tour à tour rire et pleurer, et qui, isolé de tout son entourage de clinquant, de décors et d'oripeaux, peut aussi faire penser !

Voyez ce teint hâve, ces yeux brillants de fièvre, car tout cela se sent dans la statuette de Mélingue, voyez ces traits tirés par les efforts constants de la pensée, ces membres raidis et crispés qui semblent identifier le jeu même de leurs muscles avec les passions de leur rôle ; voyez tout cela, et dites-nous si l'Histrion n'est pas un des plus effrayants produits de notre civilisation.

Histrion! condition singulière qui serait la plus cruelle de toutes les conditions sociales si elle n'avait pas pour soutien une passion plus violente et plus invincible que toutes les autres parce qu'elle n'est jamais complétement assouvie : la passion du succès, de la gloire et des applaudissements.

Je me suis souvent demandé, en présence de ces grands artistes qui portent l'art à sa suprême puissance, qui ont surpris les secrets les plus intimes de l'àme humaine et qui dominent leur auditoire de toute la distance qui sépare l'intelligence de l'instinct, de quelle importance si grande pouvaient leur être les applaudissements de cette foule qu'ils doivent avoir tant de fois appréciée à sa juste valeur.

Il me semble, à moi, que loin d'estimer tant le parterre, ils devraient le mépriser assez pour lui imposer leur succès au lieu de l'attendre de lui.

Eh bien non ! ces natures exceptionnelles, depuis Talma jusqu'aux plus infimes *cabotins* de province, ont besoin du succès, de quelque part qu'il vienne. La foule est leur reine ; au lieu de dompter la bête, ils se laissent tyranniser par elle ; ses applaudissements les enivrent, et ils ont besoin d'être enivrés pour arriver au développement complet de leurs moyens.

Une chute les fait douter d'eux-mêmes et quelquefois les tue.

Un artiste de nos amis nous contait hier l'étrange et dramatique histoire d'un pauvre histrion de province qui nous donnera peut-être plus tard le sujet d'une étude douloureusement vraie :

Edouard Laflûte était une de ces natures remuantes et passionnées qui se trouvent à l'étroit dans le monde et cherchent une issue où jeter le trop plein de leur fougue. Il se lança dans l'art dramatique avec plus d'ardeur que d'étude, plus de passion que de talent véritable, car il mettait dans son jeu toute l'exagération de son existence excentrique, et portait dans la vie privée les mœurs mélodramatiques des héros les plus noirs de la Gaîté.

Il avait la prétention d'être superbe dans *Orosmane*; mais il y avait surtout un rôle qu'il affectionnait, une pièce qu'il regardait comme le cadre de son triomphe..... c'était *Faruch-le-Maure*, l'œuvre d'Escousse et Lebras, ces deux enfants victimes des déceptions littéraires, qui allumèrent, à vingt ans, dans un grenier, le réchaud mortel des suicidés, et dont Béranger a chanté la funèbre élégie.

Ce fut au théâtre Saint - Marcel d'abord, puis successivement dans plusieurs villes de province, qu'Edouard Laflûte promena sa vie orageuse semée d'enlèvements et de drames intimes, et qu'il apparut dans toute sa gloire en représentant ce personnage de Faruch-le-Maure, avec lequel il s'était identifié.

Un jour, à Dijon, je crois, ou à Châlon, un parterre exigeant le siffle. Furieux, désespéré, il quitte le théâtre et il monte à sa chambre ; ses camarades effrayés le suivent et frappent à coups redoublés ; tandis qu'ils enfonçaient sa porte, il la soutenait avec ses épaules et se frappait de trois coups de poignard. Vivant encore quand la porte céda, il se précipita d'un bond par la fenêtre ouverte.

Voilà l'histrion !

Echo douloureux qui répète tous les cris des passions ! microcosme qui doit contenir ou s'assimiler toutes les facultés humaines !

Mais la statuette de M. Melingue nous a entraîné bien loin de notre sujet, et bien loin de l'appréciation que nous en voulions faire. Après cela, pour une œuvre de cette nature, destinée plutôt à éveiller la pensée qu'à attirer l'admiration par la perfection de la forme, nos digressions mêmes ne sont-elles pas la meilleure appréciation et le plus bel éloge ? Achevons donc notre compte-rendu, en disant que l'*Histrion* de Mélingue est bien composé et bien modelé, et que nous ne lui reprochons rien sinon l'agencement des orteils, qui choque un peu au premier aspect.

Puisque nous achevons ici l'appréciation des figures en pied, n'oublions pas de dire que l'*Eve* de M. Renoir passerait pour beaucoup trop grande, si on ne se rappelait pas qu'elle est la mère du genre humain; que le *Sauvage* de M. Caudron est hardiment jeté et bien découplé ; que, dans le groupe de M. Dubray, l'Amour est joli et fin, et que dans l'*Enfant jouant avec un chat*, de M. Van-Hove , on retrouve une bonne et fine étude de la nature — dans l'enfant — mais pas dans le chat.

Voyons les bustes maintenant.

Il y en a beaucoup; mais grâce à la sévérité du jury, il ne s'en trouve pas trop de trop mauvais, et grâce au talent de nos artistes aimés, il s'en trouve plusieurs d'excellents.

A tout seigneur tout honneur ; c'est pourquoi hâtons-nous d'annoncer que nous apercevons tout d'abord deux portraits du Prince-Président dus aux ciseaux habiles de M. Barre et de Mme Lefèvre-Deumier. Ces bustes se distinguent tous deux par d'excellentes qualités d'exécution ; mais celui de Mme Lefèvre-Deumier nous semble le plus ressemblant.

Le triomphe des bustes appartient cette année d'abord à M. Gayrard fils, qui en a exposé trois qui sont trois chefs-d'œuvre de grâce, de flou et de finesse ; ensuite à M. Oliva, jeune statuaire d'avenir, dont le buste de Rembrandt est plein de vie et de hardiesse, tandis que celui de la très-révérendissime mère Javonhey, fondatrice et supérieure générale de l'ordre de Saint-Joseph de Cluny, possède une vérité, une étude, un fini et une expression irréprochables.

Les deux Dantan nous sont toujours fidèles et nous apportent comme de coutume plusieurs bons et excellents portraits. M. Pollet, l'élégant et gracieux statuaire, nous a donné une ravissante tête d'étude et un joli buste. Citons aussi, parmi les bustes remarquables du Salon pour leur facture, leur ressemblance et leur exécution, ceux de MM. Oudiné, Cavelier Meusnier et Ferrat.

IV.

MM. Blavier, Fremiet, Caïn, Barye,
Bonheur, Comoléra, Mène, Gonon,
Hayet et Perrault.

Les bêtes sont plus heureuses que les hommes, elles ne perdent pas leurs amis.

Oui, ce sont encore les mêmes noms de bon augure qui nous reviennent cette année. Et il faut croire que bêtes et gens sont contents les uns des autres, car dans le pays d'icelles, tout va, dit-on, pour le mieux, exactement comme dans le meilleur des mondes, suivant la bienveillante manière de voir de mon arrière-cousin et très-grand ami, le docteur Pangloss.

On sait — ou on ne sait pas — que nous ché-
rissons les bêtes, nous disons les bonnes bêtes, celles qui sont d'un caractère sociable, et
non pas, par exemple, les caïmans, les crocodiles et les alligators, qui pullulent prodigieusement au Salon de 1852.—Ces bêtes-là, nous
ne pouvons pas les souffrir, parce que d'abord
nous avons le scepticisme de ne pas vouloir
admettre que ces intéressants animaux soient
jamais faits d'après nature. Nous ne supposons
pas que les artistes aillent les faire poser au
fond de l'Océan, ou bien en tête à tête dans
les solitudes du Sahara ; or, de bonne foi,
comme il n'est guère probable que ces messieurs élèvent à domicile les crocodiles ou les
alligators, il faut nécessairement qu'ils aillent
tout bonnement puiser leurs inspirations au
Muséum d'histoire naturelle.

Ce sont donc seulement les bêtes honnêtes
et modérées qui ont toute notre sympathie.
Vivent les bœufs, les ânes, les chiens, les chats,
les serins, les poulets, les lapins et les moutons ! Voilà des bêtes que tout le monde aime,
connaît et fréquente !

Aussi ce sont des bêtes, intimes, si l'on ose s'exprimer ainsi, de ces amours de bêtes enfin, avec lesquelles on peut vivre fraternellement sous le même toit sans crainte d'autres mauvais tours que par ci par là quelques indélicatesses... dans le genre, par exemple, de celle que nous a peinte ou sculptée — ou peinte et sculptée tout à la fois — M. Fremiet, dans son groupe intitulé : *Un Voleur.*

Ce petit groupe en plâtre exécuté sur un panneau de chêne fait pousser des cris d'admiration à tous les bourgeois de France et de Navarre qui pénètrent dans les galeries du Palais-Royal, et, ce qui vaut mieux, il provoque un sourire et une approbation de tous les artistes qui l'aperçoivent, et dont pas un ne passe sans désirer pouvoir emporter cela pour l'accrocher dans un coin de sa salle à manger.

Mais aussi, quel poulet ! quel poulet de véritable chair, ô vénérables ménagères ! Et comme maître chat l'étreint amoureusement de ses griffes ! et comme il le mord, l'œil fermé, les nerfs tendus, les babines frémissantes

dans toute l'extase du paroxysme de la volup-
té!... Ah!...

Le poulet est bien certainement moulé sur
nature, mais le chat nous semble dû tout entier à l'exécution de l'artiste, et l'agencement
du groupe est si heureux, les poses si bien
comprises, et le tout si bien coloré, que le
Voleur de M. Fremiet peut certainement compter très légitimement pour un des succès du
Salon de 1852.

Le morceau principal qui domine cette année
la sculpture d'animaux est l'aigle gigantesque
de M. Caïn, qui est certainement une de nos
œuvres les plus remarquables, les mieux exécutées et les plus consciencieuses. Le rocher,
surtout, est d'une vérité et d'une exécution rare, et les débris d'animaux dispersés autour
de l'aire du roi des oiseaux aussi. L'aigle est
grandiose, hardi et bien jeté. Ses ailes déployées sont magnifiques ; mais la tête est un
peu plate. Peut-être, probablement même, que
cet effet est vrai, car la façon dont sont étudiées
les autres parties de l'œuvre nous est une
garantie pour celle-là. Mais, vrai ou non, cet

effet est désagréable au premier aspect et fait du tort à l'ensemble de la composition,

Voici maintenant, d'abord le *Jaguar dévorant un lièvre*, de M. Barye, groupe qui brille par les qualités de l'exécution et aussi par la crispation bien sentie du lièvre ; puis le *Cavalier combattant un taureau*, heureuse composition de M. Isidore Bonheur ; le *Héron blessé d'une flèche*, groupe en bronze de M. Comoléra, œuvre savante, bien composée, bien jetée, où le héron se débat avec un mouvement plein d'intelligence ; une *Bécassine morte*, du même artiste, excellente et fine étude d'après nature ; plusieurs groupes en cire et en bronze, de M. Mène, tous d'une finesse incroyable, et enfin un *Nid de fauvette inquiété par un rat*, petite composition admirable aussi d'étude et de délicatesse, de M. Gonon, artiste distingué qui joint à son talent comme statuaire le mérite d'être un de nos plus habiles fondeurs.

Citons aussi, avant de clore le compte-rendu de la sculpture, les trois vases élégants de MM. Ferrat, Hayet et Perrault, qui rappellent heureusement l'art perdu des Benvenuto Cellini.

Terminons ici notre appréciation de la sculpture, à laquelle les limites imposées à notre revue du Salon ne permettent pas de donner plus d'étendue; et, en terminant, regrettons de n'avoir pas pu consacrer un mot à chacune des œuvres vraiment sages et honnêtes qu'elle nous a données au Salon de 1852. Mieux que personne, nous savons combien de luttes supportent les pauvres artistes pour arriver à parfaire l'œuvre que chaque année ils peuvent envoyer à l'exposition, et, mieux que personne aussi, nous savons combien la publicité peut leur être bienfaisante. Aussi avons-nous essayé de faire entrer dans notre cadre le plus de noms possible, au risque d'infliger une critique à quelques-uns, car, pour un artiste, à notre époque, provoquer la critique est encore un triomphe.

Et que ceci ne semble pas un paradoxe. Il est dans les arts certains noms — très connus, trop connus — qui ne doivent absolument leur célébrité qu'à l'étrangeté de leurs œuvres les plus risquées et aux refus perpétuels et très mérités de l'ancien jury des membres de l'Institut.

Eh bien! faut-il le dire? la plupart de ces messieurs n'ont pas la moindre reconnaissance pour les membres de l'Institut dont la sévérité les a créés et mis au monde de la publicité!

Faites donc des heureux! vous faites des ingrats!...

Quant à moi, si j'étais artiste..... romantique..... j'irais d'abord remercier les juges qui refuseraient mes œuvres, et les critiques qui en diraient du mal.

PEINTURE.

I.

Considérations générales. — La grande école et ses adhérents. M. Gallait.

L'art n'a point de patrie: il n'est ni italien, ni français, ni espagnol, ni flamand; mais il a lui tout à coup comme un soleil bienfaisant sur toutes nos contrées, et aujourd'hui ses rayons plus obliques peut-être, et perdant en puissance ce qu'ils gagnent en étendue, éclairent toute l'Europe d'une lumière à peu près égale.

Chaque nation apporte maintenant son contingent de gloire à la masse universelle, et la

grande exposition de Londres nous a prouvé,
cette année, que la Prusse, l'Angleterre, l'Au-
triche et même la Russie comptaient des peintres et des statuaires bien dignes de figurer à
côté des artistes de la France et des Pays-Bas.

Les distinctions d'écoles disparaissent beaucoup, c'est-à-dire que les écoles se dénationa-
lisent. Ainsi, par exemple, il est très-facile de
s'apercevoir, en observant nos expositions,
combien peu l'*Ecole française* proprement dite
compte aujourd'hui d'adeptes parmi nos artistes.

Parmi nos noms les plus aimés et les
plus célèbres, nous en savons quelques-uns
qui appartiennent à l'Ecole allemande, par
exemple : Ary Scheffer, Auguste Hesse, etc.;
beaucoup qui tiennent de près ou de loin
aux Espagnols : Delacroix, Louis Boulan-
ger, Chassériau, etc.; d'autres qui s'attachent
au souvenir des Flamands et des Hollandais :
Bouvin, Meissonnier, etc.; enfin un certain
nombre qui ne sortent guère de l'atmosphère
des grandes écoles d'Italie : les élèves d'Ingres
et ceux de l'Ecole des Beaux-Arts.

Il en est à peu près partout comme chez nous, quoique cependant la France marche bien certainement la première dans cette voie de recherches, d'universalisme et d'assimilation.

Il est presque effrayant, en effet, d'observer combien nos grands artistes dévorent et s'approprient vite toutes les traditions des anciens maîtres. Ils fouillent avec une sorte de rage les secrets perdus des *idéalistes* italiens, de Rome et de Florence, des *coloristes* vénitiens, des *naturalistes* espagnols, des *réalistes* flamands et des peintres prodigieux de la Hollande, et avec les immenses matériaux qu'ils réunissent ainsi, ils essaient d'enfanter un art nouveau et tout-puissant, qui, à force de vie et de vérité, ravirait presque à Dieu et à la nature le droit de créer.

Mais l'art, avec ses magiques secrets et ses luxuriantes créations, se cache aux jours de luttes et de combats pour ne se montrer qu'en temps de paix, pendant que le monde se repose en étudiant la vie et en cherchant Dieu. Alors nous voyons passer les siècles de Périclès, de

6.

Léon X et de Louis XIV; mais bientôt la guerre, l'anarchie, soit matérielle, soit morale, passe sur le monde comme un ouragan et disperse les éléments du beau en les rendant pour ainsi dire, arbitraires et conventionnels. Alors la nuit se fait, et tout est oublié. Il faut, par des tâtonnements longtemps infructueux, rechercher les secrets perdus, les splendeurs effacées.

Nous sommes aujourd'hui à une de ces époques de transition. L'anarchie qui bouleverse les nations, les croyances et les systèmes,intronise jusque dans l'art ses pernicieuses tendances. On cherche beaucoup, mais personne n'a trouvé encore. Il en est dans l'art, entre les écoles classiques, coloristes, romantiques et réalistes, comme dans le domaine philosophique entre les divers systèmes qui se partagent les intelligences : on aspire après un critérium de vérité nécessaire, et chacun pour le découvrir tente une voie nouvelle.

Ces recherches et ces tentatives aboutiront sans doute un jour ; mais jusqu'à présent elles sont restées presque stériles.

Ces réflexions, qui, peu à peu, nous ont entraîné bien loin de notre point de départ, nous
ont été suggérées d'abord par le tableau de
M. Gallait.

Quoique Belge, en effet, M. Gallait appartient à l'école française, à cette bonne et pure
école qui nous a donné Paul Delaroche et
Monvoisin. Déclarer franchement qu'il obtient
et mérite le succès du Salon de peinture de
1852, c'est donc être fidèle au patriotisme le
plus irréprochable. M. Gallait, du reste, ap-
partiendrait à une école étrangère, que nous
n'en constaterions pas moins la prééminence
de son œuvre, car pour nous, comme nous le
disions tout à l'heure, l'art n'a point de patrie.

Nous avons déjà, l'an passé, à Dusseldorf et
à Bruxelles, admiré plusieurs œuvres de M.
Gallait, qui toutes se distinguent comme celle-ci,
par une large et savante facture, un dessin correct et soigné, une étude de la nature consciencieuse et vraie, une grande perfection de
détails, une exécution irréprochable et une
couleur sage et naturelle.

M. Gallait s'est beaucoup inspiré de l'histoire douloureuse de ce noble Lamoral, comte d'Egmont, dont le patriotisme alarma assez le duc d'Albe pour qu'il le fît décapiter à Bruxelles en 1568, avec son ami Philippe de Montmorency, comte de Horn. Ainsi nous avons vu à Bruxelles plusieurs scènes de la vie du héros flamand. A Dusseldorf, on admirait, au mois d'août dernier, *le Comte d'Egmont regardant les apprêts de son supplice*; et voici maintenant la dernière péripétie de ce drame lugubre :

Derniers honneurs rendus aux comtes d'Egmont et de Horn, par le grand-serment *de Bruxelles* :

« Les têtes des deux comtes furent placées » sur les pieux de l'échafaud et y restèrent exposées pendant plusieurs heures. Les soldats » espagnols avaient poussé des acclamations; » mais le peuple, qui se serait jeté sur eux s'il » avait eu la moindre chance de succès, se retira consterné. Beaucoup trempèrent des » couronnes de fleurs dans le sang qui dégouttait de l'échafaud; d'autres jurèrent de se

» laisser croître les cheveux jusqu'à ce qu'ils
» eussent vengé ces nobles victimes de la ty-
» rannie, et depuis ce moment, dit un écri-
» vain, la commune de Bruxelles voua au duc
» d'Albe une haine à mort... *Vers quatre heu-*
» *res, les cadavres furent portés au couvent des*
» *Récollets, sous l'escorte du grand-serment*
» (corporation militaire qui remonte à l'épo-
» que de l'organisation des communes). »

L'effet du tableau de M. Gallait est saisissant
et noble. Les deux têtes coupées, mal rajustées
à des corps auxquelles elles n'appartiennent
plus, sont en même temps magnifiques de vérité et d'horreur. L'étude de la nature a été
poussée là à ses dernières limites. Toutes les
parties du tableau manifestent, du reste, cette
même qualité. Les dégradations de ton sont
harmonieuses et bien observées ; les accessoires sont soignés et encadrent bien le tableau ;
la draperie de velours noir qui entoure le corps
et le lourd crucifix d'argent posé dessus sont
d'une vérité presque palpable ; disons-en autant des chandeliers surmontés de cierges

qu'un moine allume dans le fond, et de tous les costumes.

L'aspect plein d'épouvante des têtes des deux suppliciés est tellement fascinant, que quelques observateurs ont reproché aux têtes vivantes du tableau de n'être pas assez expressives. Ce reproche ne nous semble pas fondé ; d'abord, parce que les têtes nous paraissent bien répondre chacune au sentiment qui doit l'animer ; ensuite parce que la présence des Espagnols à la physionomie méfiante et inquisitoriale, doit contenir chez les membres du Grand-Serment les marques trop vives de la douleur et de la protestation.

Il nous semble donc, au contraire, que les figures des bourgeois ont une expression puissante de douleur contenue; que le moine du fond a une tête au type religieux et tranquille, et que le seigneur du premier plan est magnifique de pose et de vérité.

Une dernière remarque que nous avons faite sur le tableau de M. Gallait, c'est que les mains sont toutes exécutées avec une rare perfection.

II.

Suite de la grande école.—MM. Horace Vernet, Omer Charlet et Glaize.

En entrant à l'exposition par le salon carré. on se précipite d'abord dans la galerie du fond pour regarder le tableau de Gallait ; après l'avoir observé un instant, on retourne sur ses pas pour voir celui d'Horace Vernet, la *Prise de Rome*.

C'est encore une de ces grandes pages illustrées de notre histoire contemporaine qu'écrit si bien le peintre de *la Smala*. Elle ira occuper, au musée de Versailles, la place qui lui revient de droit au milieu de ses sœurs, et rappellera à la postérité un des principaux faits d'armes de notre époque.

On nous a dit que M. Horace Vernet s'était servi pour peindre son tableau d'une méthode nouvelle, et tout récemment importée, qui consisterait à n'employer que quatre couleurs. C'est à cette méthode sans doute que nous devons l'ensemble un peu dur de la *Prise de Rome*, et une sorte d'uniformité de tons bleus qui nuisent au premier aspect.

Nous savons bien que l'heure matinale à laquelle se passe cette scène donne au ciel cette teinte un peu crue, et que les uniformes des chasseurs de Vincennes ne fournissent pas au ton beaucoup de variété; mais, malgré ces circonstances atténuantes, il nous semble que le bleu prédomine décidément trop.

La composition s'arrange en panorama et découvre un assez vaste espace de la campagne de Rome; on ne voit pas la ville, et cela a paru fâcheux à quelques critiques; c'est à tort, selon nous, car M. Horace Vernet aura sans nul doute représenté la scène, et le lieu de la scène, dans toutes les conditions les plus scrupuleuses de l'exactitude historique. Nous répondrons par la même raison à d'autres observateurs qui se plaignent du manque d'unité dans l'action ; il est probable que tous les épisodes qui divisent l'intérêt sont historiques, et ont plus ou moins influé sur la prise du bastion.

Nonobstant ces remarques, nous sommes obligé de reconnaître que notre grand maître a été quelquefois plus heureux que dans cette dernière œuvre, à laquelle trop de tons froids nuisent beaucoup. Nous n'aimons pas non plus les Transteverins de M. Horace Vernet ;—peut-être sont-ils vrais ; mais alors cela ferait bien l'éloge de la mise en scène de l'Opéra-Comique, où tous les brigands italiens ont toujours cette tournure-là.

En revanche, on ne peut pas se plaindre des types, poses et caractères des chasseurs de Vincennes, qui sont d'une vérité frappante. Décidément, M. Horace Vernet est bien le peintre du soldat français et de nos batailles contemporaines. En résumé, du reste, et malgré quelques légers défauts, la *Prise de Rome* ma-

nifeste bien l'adresse et la large et savante facture du maî're, ainsi que toutes ses heureuses
qualités.

> Eheu! fugaces
> Labuntur anni!

Qu'il est rapide, hélas! le cours de nos an -
nées!

Horace l'a dit jadis, et M. Omer Charlet le
répète aujourd'hui.... Ah! oui, comme elles
fuient, nos années, nos belles années!. . Ces
années bénies de la jeunesse, où la vie tout entière est teintée de couleur de rose, où le bonheur est partout, où l'âme vierge encore s'é-
panouit à l'espérance, où toutes les splendeurs
de la nature semblent se réunir pour vous donner une fête.

Ah! qu'elles sont rapides !

Peu à peu, elles vous quittent chacune à son
tour; souriante encore et couronnée de roses,
chacune s'élance dans l'espace à la poursuite
de ses sœurs sans vous promettre le retour,
sans même vous faire un signe d'adieu !...
Les perles de notre vie s'égrènent une à une,
comme sous les doigts de la jeune fille en

prière s'égrènent les perles du chapelet ; et quand le dernier *Ave Maria* est dit, la dernière perle est tombée, et il ne vous reste plus que la croix.

Le grand tableau que M. Omer Charlet a intitulé *Tout passe...* représente l'allégorie entière de la vie humaine, avec ses illusions et ses amours, ses joies et ses aspirations. Voici d'abord l'enfance insouciante qui lance dans l'air ses bulles de savon irisées ; puis la jeunesse heureuse qui parle d'amour, effeuille des marguerites, et jette au courant les fleurs de sa vie ; la jeune mère, qui comprend le bonheur parfait entre son fils et son époux ; puis, aux seconds plans, les âges encore dignes d'envie où l'on rêve de gloire... et les plans s'éloignent, s'éloignent, et deviennent confus... Sur le devant, tout près de l'enfance, revient la vieillesse, la fin de toute cette brillante fantasmagorie. La vieillesse est isolée et semble étrangère à tout ce qui s'agite autour d'elle : la vieille femme file ; le vieil homme lit.

Le tableau de M. Omer Charlet est un des principaux du Salon de cette année. Il se distingue par un ensemble de ton agréable, une composition gracieuse qui ne manque pas d'un certain charme ; mais il compte aussi de nombreux défauts : ainsi l'agencement manque de simplicité et souvent de clarté, surtout au second plan. Au premier plan, les draperies rouges et jaunes sont trop dures; et l'homme à demi couché sur le devant du tableau est beaucoup trop femme de pose, d'attitude et de formes.

Les *Femmes gauloises,* de M. Glaize, ont de l'énergie, du caractère et des intentions très dramatiques: c'est de la grande peinture. Mais M. Glaize n'est pas coloriste, tant s'en faut, et cela nuit beaucoup à l'effet général de sa composition, qui s'agence bien du reste. Ainsi on peut difficilement s'imaginer tout ce que font perdre au tableau des *Femmes gauloises* la confusion de ton, le manque de parti pris et les noirs renforcés du premier plan. Sans ces grands défauts, nous sommes certain que l'œuvre de M. Glaize occuperait une des premières places parmi les œuvres remarquables du Salon.

III.

Suite de la grande école. — MM. Benouville, Cabanel, Jacquand, Lécurieux, Bézard, Duval-le-Camus, Aug. Hesse, Bouterwek, Labouchère, Brune, Debon, Landelle, Mme de Guizard, MM. Yvon, Lecomte et Charles Lefebvre.

On jette quelquefois à la peinture aimable et papillotante des enfants perdus de la fantaisie, un regard amoureux et charmé ; on contemple avec un vif intérêt les essais plus ou moins heureux de l'école réaliste qui nous promet la régénération de la peinture, et qui déjà tient presque ses promesses ; mais c'est toujours avec un sentiment de respect que l'on re-

7.

voit les œuvres de la grande école, qui procède directement de la tradition.

Cette école n'invente pas, c'est vrai, et depuis bien longtemps reste stationnaire ; mais au moins elle conserve, et c'est beaucoup par le temps d'innovations qui court. Elle a pour elle la science, la grandeur et la noblesse, et ce je ne sais quoi qui commande l'estime. Elle est toujours et quand même la fidèle adoratrice du beau, et peut servir de critérium de comparaison pour juger les essais risqués des oseurs.

C'est même là aujourd'hui sa mission la plus importante, car la science, acquise si lentement au prix de plusieurs siècles de luttes et de travaux, s'en va bien vite, hélas ! et disparaîtrait bientôt sous les efforts réitérés des coloristes-romantiques, s'il ne se trouvait encore, par bonheur, quelques artistes courageux qui ont assez l'amour du beau idéal pour s'astreindre toujours aux règles sévères de cette peinture noble, froide et consciencieuse dite *peinture de l'Ecole.*

C'est pourquoi soyons reconnaissants à M. Benouville, qui est un élève de l'école des

Beaux-Arts, aussi vrai que M. Caban.l arrive
de Rome !

Ce qui veut dire que le *Départ de Protésilas* et la *Mort de Moïse* sont deux tableaux estimables et dignes de l'encouragement des véritables amis de l'art.

Le tableau de M. Benouville surtout se recommande par une sage et savante exécution,
une composition sa'isfaisante, des fonds heureux, soignés et bien arrangés, de bonnes draperies et des figures expressives.

Il est à regretter seulement que l'artiste ait
cru devoir accorder un développement si héroïque à un sujet d'une si mince importance
historique, ou bien qu'il n'ait pas donné à son
héros un nom plus généralement connu que
celui de Protésilas, guerrier fort obscur de
l'armée des Grecs, dont M. Benouville est obligé de constater la notoriété par une explication au livret. La peinture historique doit généralement représenter des scènes ou des personnages assez universellement connus du vul-
gaire même, pour que chacun puisse les re-

connaître et les nommer à première vue, et sans un long travail de mémoire.

Il est à peu près inutile d'énumérer les qualités et les défauts du *Moïse* de M. Cabanel. Ce tableau tout entier est un long souvenir de l'école romaine et rappelle Raphaël presque comme une copie.

M. Jacquand a incontestablement beaucoup de talent, mais sa peinture sèche et froide n'attire pas la sympathie. Sa couleur est toujours terne et ses capucins sont toujours sculptés en bois. — C'est dommage !

Il y a une heureuse composition et beaucoup de bonnes qualités dans le *Guillaume d'Aquitaine aux pieds de saint Bernard,* de M. Lécurieux; mais ce tableau fait un effet étrange : il est pâle, incertain et comme estompé. On dirait de loin un tableau peint dans un tableau, ou mieux dans un décor. Il n'y a pas de réalité ; ses personnages semblent des ombres évoquées dans un nuage de vapeur, ou voilées par une brume légère.

Mais une œuvre sérieuse et qui renferme assez de grandes qualités pour appeler une critique même sévère, c'est la grande toile que M. Bézard a intitulée : *les Sept Sacrements.*

C'est de la grande peinture, bien noble et bien religieuse surtout ; on voit que M. Bézard a conçu son tableau plutôt comme chrétien que comme artiste, et cela est devenu bien rare !

Ah ! la vraie peinture religieuse s'en va ! Et comment pourrait-il en être autrement, quand la religion elle-même lui montre le chemin ? — Il faut croire à la sainteté du martyre des saints Jérôme et des saint Onuphre pour créer les saints de Ribeira ou de Zurbaran, et il faut admettre l'immaculée conception de la Vierge Marie pour peindre les madones de Raphaël ou les assomptions de Murillo.

C'est ce que nous nous disions hier, en visitant l'exposition de cette belle galerie du maréchal Soult, dont les principaux chefs-d'œuvre vont quitter la France...

La foi seule pouvait inspirer les créations de ces génies immortels que nous ne savons plus même imiter. Il fallait vénérer toutes les pratiques les plus sévères de l'ascétisme catholique pour peindre la *Voie des douleurs*, de **Luis Moralès**, pour créer cette tête de Christ si profondément douloureuse, ces types déchirants qui semblent absorber toutes les angoisses divines et humaines.

Les Sept Sacrements, de M. Bézard, ont donc d'abord pour eux une intention religieuse, ce qui est beaucoup. Sans doute la religion que nous y retrouvons n'est plus celle de ces maîtres de l'école catholique que nous citions tout à l'heure; ce n'est plus la foi du seizième siècle, c'est celle du dix-neuvième, voilà tout!

Le premier aspect du tableau de M. Bézard n'est pas heureux; il ne possède pas cette couleur flatteuse qui attire le regard; mais en l'observant longtemps, en l'étudiant avec attention il regagne bientôt par l'agencement religieux et simple des groupes, par son dessin correct et sa facture savante, ce qu'il avait perdu au premier abord. On voit que M. Bézard est un homme qui sait son état, qui a l'habitude de la brosse et qui possède la faculté, assez rare encore, de rendre ce qu'il veut dire.

Ainsi il n'est pas un sacrement, depuis le

baptême jusqu'à l'extrême-onction, qui n'exprime bien le sentiment religieux par lequel il est inspiré. Nous aimons beaucoup quelques compositions partielles ; celle de la Pénitence, de l'Extrême-Onction et de l'Ordre, par exemple. L'idée qui a fait placer l'Ordre et l'Eucharistie au-dessus des autres sacrements et plus près de l'autel nous semble aussi renfermer une excellente intention : ce sont, pour ainsi dire, les sacrements du ciel, et les autres sont ceux de la terre.

La composition générale n'est peut-être pas aussi satisfaisante que les compositions partielles. Ainsi, tous ces groupes ne se groupent pas, et comme nous le disions tout à l'heure, il semble que M. Bézard se soit beaucoup plus préoccupé de l'idée catholique de chaque sacrement que de l'ensemble artistique de son tableau.

Pourquoi, par exemple, M. Bézard a-t-il jugé à propos de représenter la Vierge et saint Joseph, pour le sacrement de mariage, et de les reproduire tout à côté tenant l'enfant Jésus sur les fonts baptismaux? Evidemment, si ces personnages sont d'un heureux effet dans leurs groupes respectifs, leur répétition choque dans l'ensemble.

M. Duval-Lecamus fils fait de la peinture sans ombres, et le manque de parti pris nuit beaucoup à l'effet de son tableau de *Saint Cosme et saint Damien guérissant des malades*. M. Auguste Hesse s'inspire de M. Ingres et de l'école allemande : son *Christ prêchant sur la montagne* est bien composé et s'arrange bien, mais sa peinture transparente est par trop de la peinture de vitraux. — M. Auguste Hesse voudrait-il faire concurrence à son illustre homonyme de Vienne ?

Est-ce parce que le nom de M. Bouterwek signifie en allemand « ouvrage de beurre » qu'il nous a donné un tableau : *Charlemagne à Argenteuil*, consciencieux sans doute, et pour lequel on voit qu'il a usé et abusé du modèle, mais aussi prodigieusement sec que possible de dessin, de ton et de composition ?

Le *Colloque de Genève en 1549*, de M. Labouchère, est un des plus grands tableaux du Salon, mais n'est pas un des meilleurs, mal-

gré les intentions consciencieuses de son auteur; c'est faible, c'est creux, c'est mince et
plein de duretés. On dirait que M. Labouchère
a voulu mettre l'école de Paul Delaroche en
caricature. Cependant il y a dans son tableau
des parties estimables : l'expression des têtes
est très cherchée, et certaines physionomies
sont expressives. Citons particulièrement celle
du docteur qui lit à côté de Calvin.

Quel dommage qu'avec un vrai talent, beaucoup d'étude et d'excellentes qualités de composition, M. Brune pèche par une énergie qui
devient presque de la dureté ! Sa Bacchanale
serait pourtant un des meilleurs tableaux du
salon carré, si elle n'était pas si forte de ton
et de forme, qu'elle ressemble plutôt à une
bataille qu'à une orgie. Il n'y a là ni la mollesse du plaisir, ni la folie heureuse de l'ivresse, et si l'on transportait la scène des temps
antiques aux temps modernes, et des campagnes de la Grèce ou de la Sicile dans un salon
de la Maison-Dorée, on pourrait dire que tous
ces gens-là, au lieu de boire du vin de Cham-
pagne , se sont enivrés de vin de Roussillon.

M. Debon a trouvé la couleur flamande, mais cherche en vain à faire du Rubens. Son tableau, intitulé *la Religion*, est d'un ton assez agréable, mais qui convient peu, ce nous semble, à un sujet mystique et d'une composition si grotesque, que, sans l'explication du livret, nous aurions cru à une grosse impiété.

Le livret dit :

« La Science et la Philosophie montrent la Religion comme la seule vérité. »

Eh bien! il serait vraiment très-fâcheux pour la religion, la science et la philosophie, que le tableau de M. Debon eût des prétentions à une vérité quelconque, car c'est bien l'amalgame le plus pharamineux qui ait jamais été inventé.

On a beaucoup parlé jadis du célèbre mariage d'une carpe et d'un lapin ; pendant longtemps les têtes fortes du pays des chimères ont attendu avec anxiété le produit de cette étrange union, et on assure que la carpe est accouchée d'une pelote de ficelle ; mais on n'avait pas, que nous sachions du moins, marié jusqu'à présent la couleur de l'école flamande avec le dessin de l'école byzantine. Cette union vient de s'accomplir par le ministère de M. Debon, et l'on peut admirer dans un des coins du salon carré le monstre, ou mieux les monstres, car ils sont trois, qui en sont sortis.

Restons de notre temps et parlons aux sentiments religieux de l'humanité du dix-neuvième siècle, si, au lieu de faire sourire les incrédules, nous voulons faire prier les chrétiens.

M. Landelle a bien su comprendre cela : aussi ses deux *béatitudes* sont-elles bien poétiquement religieuses, et bien remplies de ce sentiment, à la fois gracieux et pur, qui anime les créations littéraires et artistiques de l'école néo-catholique. C'est bien peint et bien dessiné, c'est consciencieux et honnête; c'est de la bonne peinture, en un mot.

Avec des tendances plus mystiques et une exécution plus cherchée encore, voici Mme de Guizard, dont la *Sainte Affre* est toute une poésie. Le tableau est harmonieux et doux de ton; la peinture est grasse et moelleuse, et d'un mignon adorable. Il n'y a qu'un défaut, c'est que c'est trop joli.

Nous n'aimons l'*Ange déchu* de M. Yvon, ni pour sa pose, ni pour son expression, ni pour ses ailes déployées, ni pour sa couleur, ni pour quoi que ce soit. Il y a pourtant de grandes qualités dans cette peinture; mais elle ne plaira ni n'émotionnera jamais.

Donnons bien vite, avant de terminer cet article, un mot d'éloge à M. Lecomte pour sa *Sainte Catherine d'Alexandrie*, œuvre honnête et sagement exécutée.

Nous aurions bien voulu aussi consacrer une courte appréciation au tableau estimable de M. Lefebvre, intitulé : *Satan foudroyé*; nous lui aurions dit que sa peinture a des tons trop entiers et que sa couleur de convention commence à passer de mode, tandis que ses chairs sont bien modelées et d'un bon effet, quoiqu'il se soit servi du même modèle pour poser tous ses démons; mais nous craindrions que le nom de M. Lefebvre ne nous entraînât à parler de ce portrait que vous savez, lecteur.... ce portrait majestueux du baron Taylor qui orne une des galeries latérales ...

Or, ce portrait parle assez de lui-même.....

IV.

Les réalistes et les coloristes. — MM. Antigna, Duveau, Verdier, Courbet, Couture, Hünt, Sorieul, Poussin, Hillemacher, Tassaërt, Moreau, Besson, Chasseriaux, Laugée, Dumarest et Gigoux.

Comme elle trouve toujours des partisans enthousiastes et des adversaires passionnés, cette nouvelle école, à laquelle se rattachent à la fois tant de courageux génies pleins d'ardeur et de puissance et tant d'oseurs intrépides, dont l'audace monte souvent jusqu'à l'insolence !

On n'a pas pu parvenir encore à établir la paix entre la ligne et la couleur, et à tenir en respect les adorateurs du Beau idéal et ceux du

8.

Vrai naturel. — La guerre est terrible dans les champs de l'art, et la nouvelle école, celle dont le but est la recherche de la vérité, de la vie et du mouvement, soulève partout une tempête violente d'applaudissements et de huées.

C'est qu'il y a quelque chose de grave au fond de cette lutte. Il ne s'agit de rien moins que de la régénération complète de l'art, et le daguerréotype et la photographie donnent des moyens immenses aux régénérateurs.

Nous sommes fidèle, on le sait, nos lecteurs le savent du moins, aux nobles traditions de la grande école ; tant que les champions du réalisme et de la couleur ne sont encore que des *chercheurs* plus ou moins heureux, nous nous bornons à suivre avec intérêt leurs progrès, sans embrasser positivement leur cause. Cependant, il faut le reconnaître, à eux appartient l'avenir.

De même que l'école de la ligne et du Beau idéal pur résumait les aspirations du passé et satisfaisait à toutes ses tendances, de même l'école du réalisme et de la vérité prosaïque répond aujourd'hui à nos aspirations nouvelles.

Aux époques de foi, quand l'humanité place ses amours et ses espérances dans un monde supérieur et plus parfait que le monde réel, elle demande à l'art la représentation poétique de ce monde. Alors la perfection suprême de l'art est de créer les Vierges de Raphaël et les types nobles et splendides des saints des écoles de la Renaissance.

Aux époques où règnent au contraire la raison et les sciences exactes, nous demandons a l'art la puissance du réalisme, et nous ne l'admirons qu'autant qu'il nous refait pour ainsi dire la nature.

Jusqu'à présent donc la peinture de ce que nous appelons proprement la grande école a résumé nos tendances artistiques. Mais aujourd'hui la poésie est descendue des mondes inconnus dans les mondes connus. En art comme en littérature, nous aimons non-seulement le simple, mais encore le vrai, et nous trouvons que la plus belle des poésies est toujours ou presque toujours la plus franche des réalités.

C'est pourquoi la nouvelle école met dessus

ce qui était dessous, et veut que les premiers deviennent les derniers, et *vice versâ*. Elle place donc au premier rang les scènes journalières de la vie intime, les événements douloureux ou gais qui troublent ou réjouissent toutes les existences, les drames de famille, tout ce qui, en un mot, formait jadis le grand fond [des peintures aux proportions restreintes, dites *tableaux de genre*.

Le caractère principal des peintres réalistes est donc de prendre leurs sujets et leurs inspirations dans la vie ordinaire, et de peindre ce qu'ils voient tel qu'ils le voient, sans parti pris de convention, sans distinction du noble et de l'ignoble. Ils prennent le daguerréotype et la photographie comme archétype de l'art.

L'école réaliste a produit jusqu'à présent beaucoup de tableaux remarquables et étonnants ; elle n'a pas encore enfanté de chef-d'œuvre. Aussi ne pouvons-nous pas dire encore aujourd'hui quel sera son dernier mot. Proclamons cependant déjà ce qui est évident, c'est qu'elle est pour le paysage la seule vraie, la seule admissible, la seule qui sache

rendre la nature, dont elle procède directement.

Les réalistes-coloristes surtout possèdent
une force immense, et sont sur la route qui
les conduit au secret de la vie.

Quant aux coloristes purs ou aux coloristes
fantaisistes, nous sommes forcé d'avouer franchement que nous n'avons jamais parfaitement
compris ni leurs tendances, ni leur raison d'ê-
tre. Faire de la couleur pour de la couleur, et
sans aucune intention de faire de cette couleur
comme un vêtement à la science et à la vérité, nous a toujours semblé non-seulement une
puérilité, mais encore une mauvaise action au
point de vue du respect de l'art. Assembler sur
une toile un certain nombre de tons impossibles et invraisemblables, uniquement pour produire un effet criard, inattendu ou *drólichon*,
nous paraît tout bonnement être un jeu d'i-
magination déréglée ou un tour de force de
jongleur. Les coloristes fantaisistes ont quelquefois fait de jolies choses par hasard, mais
ils ne produiront jamais d'œuvre sérieuse.

Quant à nous, qui sommes classique par dé-

voir et éclectique par tempérament, nous ai·
mons l'école d'Ingres et d'Ary Scheffer pour les
sujets religieux ; celle de Gallait pour les tableaux d'histoire ; celle des réalistes pour les
scènes simples, touchantes ou terribles de la
vie privée et surtout pour la peinture de paysage ; celle de Gleyre, de Picou, d'Hamon, etc.,
pour les sujets qui touchent à la philosophie,
à la poésie et à l'idéal; et enfin pour les petits
tableaux de genre, pour ces bijoux capricieux,
faits pour orner un boudoir ou une chambre à
coucher, nous aimons les mignardises des ma-
niéristes du dernier siècle ou les peintures ka-
léidoscopiques de l'école de la fantaisie.

C'est M. Antigna qui marche cette année à
la tête de l'école réaliste, avec son grand tableau de l'*Inondation*, qui est un des principaux du salon carré. Il semble que M. Antigna
ait pris à tâche d'emprunter aux fléaux ses
inspirations ; l'année passée, c'était l'incendie
qui éclairait de son reflet rouge une scène dé-
chirante; aujourd'hui, c'est sous un soleil pâle
un ciel glauque qui verse à torrents les flots
jaunâtres de l'inondation.

Un toit couvert de chaume surnage seul et
semble être une île au milieu d'une eau bour-
beuse et toujours ascendante, et sur ce toit
toute une famille éplorée cherche un dernier
refuge contre la mort. Près du toit, une vache
mugissante élève encore avec peine sa tête
hors des eaux ; autour... rien... le ciel gris et
l'eau comme le ciel.

Il y a une désolation profonde dans ce tableau. Toutes les têtes sont bien expressives,
tous les mouvements sont vrais. C'est bien là
du réalisme dans la véritable acception du mot,
et il y a une vérité poignante dans l'empresse-
ment de ces pauvres gens à essayer de sauver
au moins le paquet de leurs hardes que le
dernier sortant passe par la fenêtre du grenier... La grand'mère, debout et les bras tendus, est le seul personnage, selon nous, qui
n'exprime pas bien son rôle. Elle a l'air trop
pythonisse, et il nous semble que ce devrait
être tout simplement une vieille paysanne af-
faissée sous le poids de la crainte et du désespoir.

Un reproche plus grave que nous ferons à

M. Antigna, car notre dernière observation n'a qu'une importance secondaire, c'est le ton noir et triste dont il a habillé uniformément son œuvre. Nous savons bien qu'une scène d'inondation s'enveloppe nécessairement dans les langes gris du ciel nuageux et de l'eau jaune qui reflète le ciel : aussi ne ferons-nous un reproche à M. Antigna, ni de son eau ni de son ciel ; mais, par exemple, pourquoi ce toit dont le ton noir continue dans ses gammes sourdes le même système de couleur ? Pourquoi aussi ces vêtements sombres aux inondés ?

La scène ne perdrait rien de son désolant aspect, au contraire, si quelques brins de mousse verte ou quelques feuilles de lierre conservaient à ce toit de chaume un aspect vivant qui contrasterait avec la morne uniformité de l'inondation, et si un rayon de soleil moins pâle, échappé par hasard des nuages, donnait à ce drame lugubre l'animation d'une dernière ironie.

Ce qui rend la tristesse de la couleur de M. Antigna plus saillante encore, c'est que l'absence des tons chauds et l'abus du noir se font également remarquer dans ses deux autres tableaux, le *Passage du gué* et *une Jeune fille des champs*. Partout même froideur de ton, même aspect terne et désagréable. Nous signalons peut-être un peu trop sévèrement ce défaut de M. Antigna; mais il nous a montré assez de talent et il nous promet assez d'avenir pour qu'on ait le droit d'être exigeant avec lui.

Nous trouvons, en revanche, que les *Naufragés*, de M. Duveau, ont besoin de beaucoup d'indulgence... Ce n'est pas que M. Duveau n'ait aussi quelquefois fait preuve de talent..., mais la *Peste d'Elliant* ne peut en aucune façon l'autoriser à entrer pour toujours dans la carrière de l'horrible. Sauf de rares exceptions, nous n'aimons pas l'horrible...; mais quand il s'aiguise d'une pointe de ridicule, nous ne pouvons pas le souffrir.

Or, c'est ce qui arrive malheureusement aux *Naufragés* de M. Duveau, lesquels joignent à un aspect un peu théâtral et à des corps raides et par trop automatiques, un certain coup de vent dans les cheveux qui absorbe une grande partie de l'effet du tableau. Qu'est-ce ensuite que ces expressions atroces données à toutes les têtes? Qu'est-ce que ces types qui semblent absolument n'attirer l'émotion que par leur hideur?... On dirait que M. Duveau n'a voulu nous prouver qu'une chose : c'est qu'un homme est toujours bâti sur le squelette d'un anthropophage.

Nous sommes fâché d'être forcé de le dire, mais le tableau de M. Duveau, malgré d'excellentes qualités qui prouvent que l'artiste a de la main, de la science et de l'habitude, est un de ceux que nous aimons le moins au Salon de 1852. Il a le tort d'abord de rappeler très désavantageusement Géricault; ensuite il sent un peu la *manière*, et la lumière s'éparpille trop dans une masse de tons blafards.

Nous aimons bien mieux le second tableau du même artiste, qui raconte une scène bien touchante sous ce titre modeste : *le Cierge bénit*. En Bretagne, lorsqu'un pêcheur, parti par une mer houleuse, ne revient plus et que sa famille éplorée croit qu'il a péri, elle se rend sur le bord de la mer, puis, le plus âgé ou le plus jeune plante un cierge bénit au milieu d'un

pain, et le pain est lancé sur les flots. On espère
alors que le pain, guidé par le doigt de Dieu,
s'arrêtera à l'endroit même où gît le corps du
noyé, qui pourra ainsi être retiré de l'eau et
enseveli en terre sainte. Il y a dans cette petite
composition un sentiment vrai et bien enten-
du. C'est sage, c'est simple, et cela mérite un
légitime succès.

M. Verdier est élève de M. Ingres! Voilà ce
que nous apprend à l'instant le livret, et voilà
ce qui nous explique comment cet artiste joint
à toutes les qualités de son école une exécution
bien supérieure et bien plus habile que celle
des autres réalistes. Il y a d'excellentes qualités dans son tableau du *Découragement de
l'artiste*, de ces qualités surtout qui révèlent
une grande organisation artistique, et qui pro-
mettent tout un avenir. M. Verdier est réaliste
autant que personne : coloriste comme l'ont
été tous les grands maîtres qui ont su dominer
la couleur et ne pas se laisser dominer par
elle; et juste assez classique pour savoir dessi-
ner et connaître sa tradition.

Le groupe de la femme et de l'artiste est bien

arrangé : la tête de l'homme est expressive et
pleine d'un sentiment mélancolique et douloureux; l'épaule de la femme est fine et d'un
beau ton de chair, et sa robe d'une couleur riche et heureuse. Il y a vraiment de la vie et de
l'énergie dans cette composition; puis les fonds
sont transparents, l'ensemble est très harmonieux : c'est un tableau *blond*, comme nous disons en termes d'atelier.

Tout ceci ne revient pas à dire que le *Découragement de l'artiste* soit un chef-d'œuvre;
— nous ne sommes pas de ceux qui écrasent
les jeunes talents à coups d'encensoir, et nous
estimons trop l'avenir de M. Verdier pour vouloir qu'il s'arrête là. C'est pourquoi nous ne
craindrons pas de lui dire que son second tableau, *le Départ des conscrits*, malgré beaucoup
d'éclat et de lumière, de jolis détails et un
groupe délicieux sur le devant, est de beaucoup inférieur au premier; il n'y a plus là cette
sûreté de main, cette sagesse d'exécution et
de couleur, cette harmonie trouvée sans parai-
tre cherchée, qui, dans le *Découragement de*
l'artiste, révèlent presque le pinceau d'un maî-

tre. Il y a des duretés et tout cela papillote un
peu... beaucoup même... Cela ferait presque
craindre que M. Verdier ne heurtât contre cet
écueil aussi attrayant que dangereux aux vrais
talents : le colorisme fantaisiste pur.

Nous ne parlons pas encore du paysage; cependant M. Courbet s'est tellement placé dans
les réalistes, que nous ne pouvons faire autrement que de placer ici le compte-rendu de son
tableau principal.

Savez-vous, lecteur, que c'est une bien belle
chose que le succès, quel qu'il soit et de quelque part qu'il vienne? Savez-vous qu'avec ses
grosses incongruités de l'an passé, voici décidément M. Courbet compté au nombre de nos
principaux artistes, et qu'il avait bien raison
d'aller franchement remercier les critiques qui
criaient le plus fort contre ses œuvres ?

Avant l'*Enterrement à Ornans* et les *Cas-
seurs de pierre*, pour la plupart de ces messieurs, M. Courbet n'était pas au monde, et
peu d'amateurs savaient qu'il avait fait et même qu'il avait plusieurs fois exposé des paysages pleins de ce réalisme puissant que nous

9.

admirons cette année dans *les Demoiselles de village*. Maintenant il a un des noms qui attirent le plus vivement l'attention du public, et ses excellentes qualités sont remarquées avec enthousiasme par tout le monde..... Nous savions depuis longtemps, quant à nous, que M. Courbet était paysagiste, et parmi nos bons paysagistes un de ceux à qui l'avenir appartient.

Et nous trouvons que le *paysage*, révélé seulement jusqu'à présent par les Flamands, est depuis quelques années la seule branche de l'art qui ait fait des progrès réels parmi nous. Le paysage ne fait que de naître : d'ici à dix ans il enfantera des chefs-d'œuvre dont nous n'avons pas l'idée.

Tout ce qui, dans *les Demoiselles de village*, constitue le paysage proprement dit, est admirable, sauf quelques branches d'arbres sur le devant qui ne se détachent peut-être pas assez. Les *demoiselles* sont vraies d'attitude et de costumes, et il n'y a pas de reproches grâves à leur faire.... Quant aux vaches qui sont à gauche du tableau.... il serait puéril de venir dire

après tout le monde qu'elles ont l'air de jou-
joux d'Allemagne et que ces demoiselles ont
dû les apporter dans leur poche. — Pourquoi,
diable, M. Courbet a-t il fait ces vaches? Est-
ce encore un tire-l'œil, une *mouche*, comme
auraient dit nos grand'mères?

Mais si l'on ignore ce que deviennent les
neiges d'antan et les vieilles lunes, je ne pense
pas que l'on sache davantage ce que devient
la peinture de M. Couture. Parce que l'on a
fait les *Romains de la décadence*, une des plus
belles pages d'histoire que l'art nous ait données depuis longtemps, ce n'est pas une raison
pour envoyer aujourd'hui au Sa'on des portraits qui n'ont guère d'autre mérite que celui
de l'étrangeté. Cela joue très bien le vieux tableau recuit dans son verni et poussé au noir,
mais est-ce assez? Du reste il paraît que le procédé de M. Couture, — car, ainsi que le faisait
remarquer judicieusement notre confrère du
Journal des Débats, ce ne peut être qu'à l'aide
d'un *procédé* particulier que M. Couture obtient
cet effet-là, — il paraît, disions-nous, que
ce procédé a du succès, car le maître l'a re-

passé à son élève, M. Hünt, qui s'en sert dans l'occasion avec tout autant de bonheur, comme nous le prouve la tête de femme intitulée *Marguerite.*

M. Hünt a encore à l'exposition de cette année un tableau intitulé : *la Bonne Aventure,* où se trouvent quelques bonnes qualités. Il y a toujours beaucoup d'imitation de M. Couture, mélangée de souvenirs empruntés à l'école espagnole.

La Bataille du Mans, les 12 et 13 décembre 1793, par M. Sorieul, est un des bons tableaux du Salon. Il y a du dessin, de l'effet, du mouvement et de l'énergie ; la lumière est bien distribuée ; le tableau est blond, et dans la composition toutes les masses sont bien comprises et bien détachées.

M. Poussin se jette dans le réalisme à plein corps. Sa scène bretonne, intitulée *Un jour d'assemblée,* a plusieurs points de contact avec les tableaux de M. Courbet, exposés l'an passé ; cependant, il y a d'assez bonnes qualités d'exactitude et de conscience, mais la peinture est sèche et la composition manque d'air.

M. Hillemacher sort de chez les réalistes et met un pied chez les coloristes purs. C'est pourquoi son tableau des *Assiégés de Rouen en 1418*, qui est bien peint et bien dessiné pourtant, comme aussi assez bien composé, papillotte à cause de l'abondance des détails, et manque de calme et de parti pris.

La Communion des premiers Chrétiens dans les Catacombes, de M. Tassaërt, a de bonnes intentions. Il y a de jolis tons, très fins, peut-être un peu crayeux, mais agréables. Le tableau est bien composé, comme toujours. Cependant il y a un peu de confusion et de papillotage dans les groupes du fond.

Il y a de très bonnes qualités dans la *Pieta* de M. Gustave Moreau. Beaucoup de souvenirs des vieux maîtres d'abord, puis une harmonie réelle de couleur ensuite. Les tons bleus prédominent cependant trop ; les jambes du Christ sont lourdes, et l'homme qui soutient la Vierge au second plan paraît avoir une taille gigantesque.

Un tableau coloriste pur, comme nous ne pouvons pas les souffrir, c'est celui que M.

Faustin Besson a intitulé : *les Anges au Tombeau de la Madeleine*. Ce tableau ne représente absolument que deux robes, une jaune et une rouge, qui semblent posées en face l'une de l'autre uniquement pour faire jurer leurs tons criards.

Nous ne pouvons pas penser à l'école de la couleur pour la couleur, et aux tons féroces, sans voir en idée les tableaux de M. Chassériaux. Lecteur, nous n'imposons notre opinion à personne ; mais, pour notre compte personnel, nous trouvons cela très-laid, parce que cela nous semble n'avoir aucune raison d'être.

Nous avons un assez bon tableau de M. Laugée, mais moins fort cependant que sa *Mort de Zurbaran*. Le *Siége de Saint-Quentin* est d'une jolie couleur, et montre quelquefois des tons fins et riches. La composition est mouvementée et s'agence bien, quoiqu'elle soit peut-être un peu confuse et manque de parti pris ; mais la figure qui tombe sur le devant du tableau est très bien composée et d'un effet dramatique.

Bien des noms qui mériteraient au moins
l'éloge, sinon la critique, trouveraient encore
place dans cet article, si nous nous laissions
aller au sentiment de bienveillance et de con-
fraternité qui nous porte à accorder à chaque
artiste une petite place au foyer de la publicité ; mais notre cadre a nécessairement des
bornes, et chaque école réclame son contingent... Les réalistes et les coloristes ont eu
leur part, leur grande part dans notre critique
comme dans notre sympathie... et les *étrus-
ques* et les néo-grecs nous attendent.

Un mot d'éloge cependant, avant de clore
cette série, au bon *Christ au tombeau*, de M. Dumarest, qui sait avec la couleur faire de l'harmonie et conserver la science, ce qui est rare ;
et un mot de blâme à la *Galathée* de M. Gigoux.

M. Gigoux a les trois toiles autorisées au Salon de cette année : sa *Madeleine* a de bonnes
qualités et sort un peu des tons pâteux qui lui
sont habituels, et c'est un progrès ; mais son
portrait de Mme de *** semble avoir été estompé tour à tour avec toutes les couleurs de

l'arc-en-ciel, et nous n'avons pas encore pu comprendre quel genre de mérite cela pouvait ajouter ni à la figure de Mme de ***, ni au talent de M. Gigoux.

Quant à la *Galathée*, nous ne la trouvons pas belle.... comme peinture.... On ne peut pourtant pas dire que M. Gigoux ne l'a pas faite d'après le modèle.... — A-t-il pris aussi le modèle pour peindre l'espèce d'orang-outang qui est censé représenter Pygmalion?.... Quoi qu'il en soit, nous plaignons ce Pygmalion d'être amoureux de cette Galathée, et cette Galathée d'être animée par ce Pygmalion, comme aussi M. Gigoux de les avoir peints tous les deux.

IV.

L'École Néo-Grecque. — MM. Jobbé-Duval, Picou, Gendron, Gérome, Boulanger, Isambert, Burthe, Hamon, Pils.

Voici l'école archéologue, de la ligne pure, austère et savante ; c'est de la peinture un peu froide peut-être et quelquefois sèche et sans couleur ; mais aussi quand cette peinture est maniée par des artistes d'un véritable talent, quelles délicieuses créations ne nous donne-t-elle pas ?

Elle a d'ailleurs deux tendances bien distinctes dont chacune a déjà pu compter quelques beaux triomphes ; l'une de ces tendances,

10

celle qui est surtout archaïque, a trouvé son expression dans la *Stratonice* d'Ingres, et plus peut-être encore dans l'*Intérieur grec* de Gérome et dans son *Combat de Coqs*. L'autre, qui sait allier au culte de la ligne une certaine mollesse d'exécution, beaucoup de flou, de grâce et de délicatesse, s'est manifesté surtout dans les tableaux de Gleyre et dans ceux de Picou et d'Hamon.

Il y a, on le voit, la science de la ligne et la poésie de la ligne.

Quelquefois la science et la poésie se réunissent et enfantent un chef-d'œuvre, comme le *Soir de la vie*, de Gleyre, ou quelque délicieux bijou comme tant de charmants tableaux de MM. Jobbé-Duval, Hamon, Picou, etc.....

Cette année, nous n'avons pas trop à nous féliciter; cette fraction de l'école de la ligne que nous avons surnommée l'*École étrusque* ne nous donne guère que des productions peu remarquables, et plusieurs noms aimés, qui signaient aux expositions précédentes des pages d'album pleines de poésie, se retrouvent, cette

année, au bas de grandes toiles dont le principal mérite est de rappeler beaucoup l'école de
Louis David et de ses élèves, Gérard, Giro-
det, etc.....

Si nous devons accorder notre première appréciation à la plus grande toile de cette école,
c'est assurément M. Jobbé-Duval qui obtien-
dra la prééminence avec son tableau intitulé :
la Fiancée de Corinthe.

Et d'abord pourquoi *la Fiancée de Corinthe?*
Parce que le livret nous le dit probablement ;
car s'il n'était là pour nous avertir, nous n'eussions guère reconnu dans la gigantesque peinture de M. Jobbé-Duval une traduction de la
ballade fantastique de Goëthe.

Non, non, ce n'est pas ici la Willie altérée
d'amour qui vient venger sa chasteté mortelle
et sa longue agonie par une nuit d'orgie. Ce
n'est pas l'ardente adoratrice des dieux de la
Grèce qui étale avec gloire les passions de ses
sens, en face de sa mère chrétienne. Ce n'est
pas la fiancée livide et glacée qui colore sa pâleur en buvant un vin sombre et qui se ré-
chauffe à peine aux baisers de feu de son

amant. Ce n'est point non plus la goule im-
pitoyable qui, maudissant ses vœux, grandit
jusqu'à la voûte en demandant vengeance :

Ce jeune homme est à moi ; libre on me le promit
Quand l'autel de Vénus brillait près du Permesse.
Ma mère, deviez-vous trahir votre promesse
Pour je ne sais quel vœu dont la raison frémit?

. . . .

Fanatisme insensé !... Je m'enfuis des tombeaux
Pour goûter des plaisirs qu'on m'a ravis, et comme
Pour éteindre ma soif dans le sang d'un jeune
(homme.
Si ce n'est lui, malheur ! d'autres sont grands et
(beaux...

. . . . , .

Il pâlit... Entendez au moins mon dernier vœu,
Ma mère. Ouvrez le seuil de ma demeure étroite,
Elevez le bûcher que mon ombre convoite,
Placez-y les amants... Quand brillera le feu,
Quand les cendres seront brûlantes, il me semble
Que vers nos anciens dieux nous volerons ensemble!..

Peut-être y aurait-il, en effet, un tableau à
faire sur ce drame paradoxal et terrible rêvé par
le poëte allemand; mais M. Jobbé-Duval ne semble pas l'avoir compris, et aucun des trois personnages qui se rencontrent devant cette funè-

bre couche nuptiale ne répond à l'impression
laissée par la ballade. Dans le tableau de M. Jobbé-Duval, d'abord la fiancée est très vivante et
n'a l'air ni d'un fantôme ni d'une goule ; c'est
une simple femme de chair et d'os, et si quelque chose peut faire apercevoir qu'elle grandit
jusqu'à la voûte, c'est seulement la longueur
démesurée de ses jambes.

Le jeune homme qui reconnaît une morte
dans sa maîtresse de la nuit, et qui apprend
en même temps qu'il va la rejoindre, et que
déjà ses cheveux blanchissent, n'a pas davantage l'expression de son type idéal que la fiancée. Quant à la mère, elle a pris le temps' de
s'asseoir avant de s'évanouir et de cacher sa
tête dans ses mains pour ne laisser deviner au
public, ni par le jeu de sa physionomie, ni par
l'énergie de sa pose et de ses mouvements, les
sentiments suprèmes qui se livrent en elle un
terrible combat.

Le tableau de M. Jobbé-Duval pèche donc
d'abord par cette faute grave qu'il ne rend pas
son sujet ; il a ensuite le tort, selon nous, d'a-
voir des proportions beaucoup trop héroïques

pour un tableau de genre, car enfin l'importance d'une ballade allemande n'est pas celle
d'une scène historique, et je ne sais pourquoi
il nous semble que les héros enfantés par la
poésie ne devraient pas se rabaisser... ou se
grandir jusques aux proportions de la nature
humaine.

Ceci posé, constatons que, sous le rapport
du *faire*, M. Jobbé-Duval n'a rien perdu, c'est-
à-dire qu'il est un de nos plus savants artistes,
que son exécution est irréprochable, que ses
fonds sont d'un beau ton et ses personnages
bien drapés. — Il y a trop de plis cependant,
et ces trois draperies blanches pareilles et pa-
reillement plissées, celle de la jeune fille en
désordre qui sort du lit, comme celle de la mère, attirent trop le regard et se détachent mieux
que les personnages sur les fonds rouges. Nous
sommes sévère pour M. Jobbé-Duval : c'est que
nous le regardons comme un de nos bons artistes.

C'est par la même raison que nous dirons
beaucoup de mal des *Erynnies* de M. Picou.

Les *Erynnies*! bon ! — mais pourquoi pas

tout simplement les Furies? Le tableau n'eût rien perdu de sa physionomie grecque à ce changement de titre, et beaucoup d'estimables Français, très capables d'admirer le beau, bien qu'ils ne sachent pas le grec, auraient gagné la possibilité de comprendre cette nouvelle composition des *Remords d'Oreste*.

Enfin, voyons les *Erynnies*, puisque *Erynnies* il y a.

Certes, la réputation de M. Picou ne gagne pas cette année, et le peintre aimé de la *Naissance de Pindare* et des *Marguerites* aura à nous faire oublier par quelque gracieuse création sa boutade héroïque.

L'aspect général du tableau est terne ; la couleur est grise et fausse ; les tons terreux prédominent et *enfoncent* le tableau. Il faut parcourir plusieurs fois le Salon avant de voir les *Erynnies*.

La composition non plus n'est pas heureuse ; le fantôme de Clytemnestre soulevé par les furies s'agence mal ; la tête surtout a l'air d'avoir été coupée et mal rajustée, et l'histoire ne dit pas que Clytemnestre ait eu la tête tranchée. Il est vrai que l'on peut alléguer que M. Picou n'a pas intitulé son tableau *les Remords d'Oreste*, et que, par conséquent, nous n'avons pas le droit de constater l'identité des personnages. Mais quand l'interprétation est si naturelle, pourquoi ne pas la prévoir? D'ailleurs, puisque son fantôme porte aussi une blessure au sein, il était inutile de lui ajuster si mal la tête sur les épaules; cela fait double emploi.

C'est M. Gendron qui tient cette année le sceptre de l'école néo-grecque, et son *Tibère à Caprée* est un des bons tableaux du Salon de 1852. Il y a de la science et du talent. La composition est bien comprise; les têtes sont expressives, les fonds soleilleux et bien arrangés, et la couleur agréable.

Tibère est à demi couché sur un lit de repos, et le corps d'une femme lui sert d'oreiller, tandis qu'une autre femme s'appuie à son tour sur ses genoux. Un petit garçon, accroupi sur le devant du tableau, lui chatouille les pieds, et dans le fond des esclaves chantent ou font vibrer des cordes de leur lyre. Plus loin, par une

éclaircie, on aperçoit les rochers qui bordent la
mer, et sur ces rochers des bourreaux qui pré-
cipitent les esclaves disgraciés. Tandis que
tout autour de lui s'étudie à flatter ses passions, ses débauches, ses plaisirs et ses haines,
le tyran, ennuyé et distrait, enfonce ses ongles
dans la tête de la jeune femme blonde qui s'appuie sur lui, et dont les cheveux dorés ruissel-
lent sur ses genoux. La tête de la jeune femme
est admirable de soumission et de douleur
contenue.

Francesca et Paolo passant aux Enfers est
une autre composition dramatique et émou-
vante du même artiste. Il y a moins de fini et
moins d'étude que dans le *Tibère à Caprée*;
mais il y a un bon effet de fantastique. L'ensemble s'arrange bien et il y a de l'harmonie.
Les deux amants sont bien drapés, et si les
formes de Francesca paraissent un peu dé-
veloppées pour celles d'un fantôme, l'expression
de sa pose pleine d'abandon et de confiance
rachète et au delà cette légère faute.

Il y a un charme tout puissant dans cette
union d'amour au-delà de la tombe, et l'on se

sent pris de pitié et de sympathie pour les
pauvres amants qui passent enlacés sur l'abîme.
Paolo étreint Francesca sur son cœur, et sa
figure respire encore la colère et la vengeance
tandis que Francesca, la tête appuyée sur l'é-
paule de son bien-aimé, semble avoir tout oublié, croire encore en lui et s'abîmer dans son
amour. C'est triste... et consolant pourtant!...

Le tableau de M. Gérome est presque un
paysage. Cependant, le nom et le talent de
l'auteur nous obligent à le placer ici. Son œuvre appartient du reste, par toutes ses tendances, à l'école néo-grecque, et tout en elle, jusqu'à son titre, *Pestum*, rappelle les plus purs
souvenirs de l'antiquité. Il y a tout un poëme
de mélancolie dans ce tableau, qui, pourtant,
ne renferme pas une seule figure humaine.
C'est le néant de la gloire, de la richesse et
des grandeurs. A la place où fut autrefois
Pestum, la cité des roses, on ne voit plus aujour-
d'hui, au milieu d'une campagne aride et a-
bandonnée, que les débris élégants et purs
d'un temple grec, dont les colonnes cannelées
dessinent leur silhouette sur le bleu du ciel,

tandis qu'un troupeau de buffles mugit insou-
ciant à cette même place où fut peut-être le
Forum......

Le *Démocrite enfant*, de M. Rodolphe Bou-
langer, est une bonne étude antique qui se recommande par toutes les qualités d'exécution
les plus fermes et les plus franches. Le coin de
paysage qui entoure l'enfant est vrai et bien
rendu. Il y a surtout un certain effet de rosée
sur l'herbe que la manière dont le tableau est
éclairé fait admirablement valoir, et qui fait
aussi lui-même valoir la vérité de l'aspect ma-
tinal du ciel et de la campagne.

Si le nom d'*École étrusque* n'avait pas déjà
été employé pour désigner le cénacle des néo-
grecs, il faudrait l'inventer pour expliquer les
tendances du tableau que M. Isambert a intitulé *les Vases grecs*, car tout est étrusque
dans ce tableau, depuis les vases jusqu'à la
femme qui les peint. Du reste, M. Isambert a-
buse du droit qu'il a d'être étrusque, non pas
dans son tableau des *Vases grecs*, qui répond
bien à sa spécialité, mais dans un autre qui
s'appelle le *Christ aux Enfants*, et qui n'est

pas chrétien du tout. En revanche, il est pâle, insignifiant et d'une mauvaise couleur.

M. Burthe se traîne languissamment à la remorque de son école. Il y a quelques qualités dans son *Angélique* et son *Ophélia*, mais beaucoup d'insignifiance.

Que faire de M. Hamon? Dans quelle série classer son tableau *classico-fantaisiste*, qui est bien la peinture la plus insolente et la composition la plus étrange qui se puisse rêver?

Nous disons la peinture la plus insolente, parce qu'en effet, il y a là-dedans comme *faire*, un tel mélange de science et de laisser-aller, tant de preuves de talent dans une exécution si lâchée, et un dessin si habile dans une couleur si fausse, que la peinture elle-même, autant que la composition, nous semble une immense ironie.

Il fut un temps où M. Hamon — il lisait alors Swedenborg, et c'était en 1848 — où M. Hamon donc, ayant à faire un tableau de fantaisie gracieuse, ne trouva rien de mieux que de faire danser une ronde folle de jeunes gens de tout âge dans une campagne fantastique et autour d'un bel arbre qui portait pour fleurs des épaulettes de garde national, et, si je ne me trompe, pour fruits des gibernes et des sabretaches. — Aujourd'hui, M. Hamon fume de l'opium, c'est sûr.

Son tableau, dont la composition s'arrange en bas-relief, a pour centre une petite barraque, manière de temple grec, surmontée d'une statue de Minerve et portant écrit sur son fronton ce titre que son ensemble justifie très-bien : *Théâtre de Guignol.*

Le drame en pleine représentation rappelle avec avantage celui qui se répète invariablement et toujours avec un nouveau succès aux Champs-Elysées, — drame fort immoral, soit dit entre nous, et que nous supprimerions tout de suite si nous étions un beau jour directeur des beaux-arts et président de la commission des théâtres... Oui, oui, qu'on vienne donc se plaindre de ce qu'en France le peuple est ingouvernable et ne cède qu'aux régiments de cavalerie, tandis qu'en Angleterre la simple apparition d'un bâton de constable suffit à maintenir le calme, qu'on vienne se plaindre

11

de cela et de bien d'autres choses encore,
quand, dès, leurs plus jeunes ans, on apprend
aux enfants à bafouer M. le commissaire!

Etonnez-vous donc après si les jeunes générations s'élèvent pour les révolutions les
plus démocratiques!...

Dans le tableau de M. Hamon, c'est la Sagesse qui joue le rôle de Polichinelle, Bacchus
qui est battu, l'Amour qui est pendu et Mé-
phistophélès qui tient les ficelles...

De chaque côté s'étend une longue file de
personnages célèbres, philosophes, poëtes,
guerriers; ils sont là tous, tous, comme évo-
qués par un songe, ces grands personnages de
la comédie humaine... tous, depuis Alexan-
dre-le-Grand jusqu'à La Fontaine et Cervan-
tes...

Où sont les acteurs dans le tableau de M.
Hamon? Est-ce bien sur la scène excessive-
ment morale du théâtre de Guignol, ou ne se-
rait-ce pas plutôt sur le second plan, toutes
ces graves figures évoquées des siècles écou-
lés, et qui posent là chacune dans leur rôle,
pour la postérité? — Histrion, type étrange!

— disions-nous dans une de nos pages précédentes... Eh, mon Dieu !... ne sommes-nous pas tous quelque peu histrion à notre heure ? —N'avons-nous pas tous notre rôle, que nous continuons à travers les vicissitudes de la vie pour la plus grande satisfaction de la galerie? Et tous ces *illustres* des temps passés ne *posent*-ils pas dans l'histoire devant les petits enfants des générations à venir ?...

Voici à gauche Anacréon couronné de roses et tenant sa lyre et sa coupe... puis Périclès, Aspasie et Aristophane qui essaie de faire rire plus fort son masque comique... Puis Jules César à la tête de son armée, suivi de Brutus, sournoisement muni de son poignard... Diogène appuyé sur son tonneau et éclairant le spectacle de sa lanterne... Alexandre fièrement drapé d'une chlamyde de pourpre et d'une tunique semée d'étoiles d'or, qui jette fastueusement son obole dans la sébile de la quêteuse...

A droite, Eschyle se laisse deviner dans le fond : Homère arrive dans tout son attirail historique ; Platon discourt gravement sur l'âme:

La Fontaine, le *Bonhomme*, médite la morale
de ses fables ; et sur le devant du groupe,
Dante apparait inspiré par Béatrix... et tandis
qu'en face de l'Amour pendu par la Sagesse,
le poëte florentin impassible, écrit sur ses ta-
blettes :

« J'ai vu l'espérance des bienheureux. »

cet impie de Virgile, penché à son oreille,
semble lui lancer un désolant sarcasme...

— Comédie humaine !

— Bah ! direz-vous lecteur, connu !... Mais
où est le spectateur ? — Le spectateur ? c'est
vous, c'est moi, c'est nous tous ; ç'a été notre
grand-père et ce sera nos petits-enfants...

Dans le tableau de M. Hamon le public se
compose, en effet, de délicieux petits bambins
de toutes les époques qui, tout en jouant avec
leurs hochets, croient à la vérité du spectacle
et s'impressionnent beaucoup des malheurs
des marionnettes. Ils sont fins et jolis ces co-
quets petits mignons d'enfants, et c'est plus
gracieux à portraire que les moutons de Pa-
nurge, n'est-ce pas, monsieur Hamon ?

— Après cela... — Après cela, lecteur? Si vous voulez savoir l'impression générale que nous a laissée le tableau de M. Hamon.... Elle se résume à peu près dans ce couplet peu logique d'une vieille chanson :

> La reine Cléopâtre
> Rôtissait dans son âtre
>   Des marrons,
>   Que Caron
> Jette aux poules,
> Tandis que Zorobabel
> Fricasse en Israël
>   Des moules!.....

Et maintenant, si nous descendions du sixième étage de la philosophie au rez-de-chaussée des tableaux de genre? Voilà bien longtemps qu'ils attendent.

Un mot cependant d'abord pour rendre compte des deux tableaux si différents de M. Pils. L'un semble presque appartenir à l'école étrusque, sinon pour le *faire*, du moins pour l'aspect, et l'autre appartient certainement à la nouvelle école et paraît être un pastiche de M. Adolphe Leleux. Il y a du talent dans tous les deux, et tous deux manifestent surtout une grande habileté. Si nos souvenirs ne nous trompent pas, il nous semble que M. Pils s'est déjà essayé dans bien des genres de peinture, et que ses tableaux sont généralement *réussis*. Ambitionne-t-il la gloire d'être un émule de Lucas Giordano?

Tableaux de genre. — MM. Gosse, Schopin, Bonvin, Stevens, Luminais, Besson, Penguilly, Desbarolles, Merle, Meissonnier, Lemud, Chavet, Plassan, Lafon, Vignon, Fauvelet, Pezout, Detouche, Roëhn, Frère, Wattier, Lanfant de Metz, Ch. Girand, Couder, Ph. Rousseau, Lafitte, St-Jean, Reignier, Ar. Leleux, Ad. Leleux, Biard, Mme Bertaut, Porlon, Schützemberger et Baron.

Les tableaux de MM. Gosse et Schopin pourraient peut-être nous servir de transition, pour passer de la rêverie sceptique de M. Hamon, aux délicieux bijoux de M. Meissonier. Mais nous ne comprenons guère la *Création* et *la Naissance du Christ* en tableau

de genre, et malgré toutes leurs bonnes quali-
tes, nous passons indifférent, si ce n'est même
hostile devant les tableaux roses de M. Gosse.
Ceux de M. Schopin s'accommodent tant bien
que mal de leurs proportions restreintes ; mais
ils manquent d'harmonie et leur exécution
cherchée les fait tomber dans la sécheresse.

M. Bonvin conquiert encore un triomphe
cette année avec ses deux tableaux : *la Charité*
et *la Classe des petites*. On aime et on estime
toujours cette peinture honnête, consciencieuse et vraie qui fait du réalisme sans fracas. M.
Bonvin est un bon peintre, et il nous le prouve
une fois de plus. Une observation cependant:
la Classe des petites est, suivant nous, un petit bijou de vérité et d'exécution large et savante ; mais M. Bonvin, qui entend si bien la
lumière, n'a-t-il pas eu tort d'éclairer *la Charité* de la même clarté rembranesque? Il ne
faut pas oublier qu'ici la scène se passe de-
hors, dans une rue. Or, la lumière doit être
moins sourde que dans une chambre, sans
quoi l'on tombe dans une peinture de convention et dans la *manière*.

C'est un bien bon tableau que *le Métier de
chien*, de M. Stevens ! C'est même un des meilleurs et des plus complets du Salon. Il s'enveloppe aussi dans les teintes harmonieuses de
l'école flamande, et il allie avec au moins autant de bonheur que M. Bonvin, le réalisme
le plus saisissant à une grande sobriété d'exécution. Ces six chiens pantelants, qui tirent à
grand'peine un chariot chargé d'une grosse
pierre, sont tous expressifs, douloureux et bien
las ! La voiture est si lourde, si lourde ! Pauvres bêtes !

C'est égal, s'il y avait au Salon beaucoup de
peintures de cette force, soit dit sans offenser
nos peintres d'histoire, nous commencerions à
penser, — sauf respect, messieurs, — que la
critique aussi n'est pas toujours un métier de
chien.

Or, puisque nous reparlons un peu de réalisme, n'oublions pas de citer ici les *Pêcheurs
de homards*, de M. Luminais, qui ont de l'effet
et de la vérité.

Une jolie *tartouillade* Pompadour rachète un
peu les *Anges* habillés de jaune et de rouge de

M. Faustin Besson. Il y a de l'effet, de l'entrain, de la couleur et de la vérité.

Ce n'est pas par la couleur que brillent les tableaux de M. Penguilly, tant s'en faut; c'est joli, cependant, et cela attire l'attention, malgré le flot de crêpe gris qui voile le *Mendiant breton* et la légère vapeur qui enveloppe le *Calvin*. C'est qu'il y a dans ces deux toiles beaucoup de talent, et, ce qui vaut mieux encore, un sentiment vrai et bien compris. Le *Calvin* surtout manifeste les qualités sobres et tranquilles de la bonne école.

N'est-ce donc plus absolument qu'en Bretagne que se retrouvent nos anciennes traditions religieuses et nationales? Toutes les fois que nos artistes ont à peindre une scène pieuse, patriarcale ou patriotique, c'est aux grèves de l'Océan qu'ils empruntent leurs inspirations et aux Bretons qu'ils demandent des héros.

Voici encore un tableau à l'aspect religieux et grave, un petit tableau plein de ce sentiment vrai qui inspire la foi et la prière; c'est le *Prêche breton dans l'église de Sainte-Croix à Quimperlé*, par M. Desbarolles;

une peinture soignée, sagement conçue et exécutée avec conscience et talent. Le *Prêche breton*, très mal placé pendant la première partie
de l'Exposition, n'est visible que depuis
le second placement, aussi constatons-nous
avec plaisir qu'il compte, au Salon de
cette année, au nombre de nos meilleurs tableaux de genre. Les figures sont toutes expressives, et les accessoires, sans éclipser les
personnages, manifestent bien la couleur lo-
cale, et si nous avions un reproche à faire à
M. Desbarolles ce ne pourrait être que d'avoir
travaillé son tableau avec trop de soin, ce qui
donne peut-être à l'ensemble un peu de sécheresse.

Un bien joli tableau, dont la composition est
pleine de grâce et d'attrait, c'est celui que M.
Hugues Merle a intitulé : *une Récréation.* Comme ils sont jolis ces petits enfants, et comme
ils dansent ! Comme ils enroulent de bon cœur
leur ronde folle au milieu de cette campagne
verte et fleurie; comme ils ont le bonheur
dans les yeux et le sourire aux lèvres ; comme
ils se sentent aimés et admirés et comme ils

jouissent de la vie !... On les regarde et on les envie.

La peinture de **M.** Merle est un peu lourde peut-être, mais son sujet est si léger et si gracieux !...

Ah ! comme ils dansent, comme ils dansent ! Et comme ils chantent aussi :

> Que t'as de belles filles,
> Giroflée, girofla !
> Elles sont belles et gentilles,
> L'amour m'y comptera !

. . . .

C'est toujours à M. Meissonnier qu'appartient la priorité quand il s'agit de rendre compte des petits chefs-d'œuvre de la peinture de genre ; c'est toujours lui qui sait le mieux allier la finesse excessive des détails avec une certaine largeur d'exécution, une couleur harmonieuse et un saisissant effet de réalisme. Nous avons de lui, cette année, trois petits bijoux qui attirent, comme toujours, le concours nombreux des amateurs et des gourmets, car ce sont les gourmets artistiques qui savent apprécier les œuvres de Meissonnier.

Les *Bravi* et l'*Homme choisissant son épée* conquièrent surtout les suffrages, et le fait est que nous ne savons pas ce que, avec toute la bonne volonté du monde, on pourrait blâmer dans ces tableaux.

M. Meissonnier est, du reste, suivi dans la route qu'il a ouverte par toute une brillante pléiade d'émules ou d'imitateurs, qui tous, ou presque tous, sont vraiment des gens de talent. Tous obtiennent aussi des succès, car leurs tableaux sont parfaitement appropriés aux besoins actuels de la vie privée, et semblent créés exprès pour nos appartements lilliputiens.

Après M. Meissonnier citons donc les noms aimés de plusieurs étoiles de la pléiade. C'est d'abord M. Lemud, dont le *Preneur de rats* se recommande par les plus excellentes qualités; puis M. Chavet, qui rivalise avec le maître et dont les trois toiles sont trois bijoux d'étude et de fini. Les œuvres de M. Plassan attirent aussi une bonne part de l'admiration, surtout le *Déjeuner*; n'oublions pas non plus M. Lafon et ses deux mignons tableaux, le

Déjeuner et la *Lecture*; ni M. Vignon, dont il faut citer surtout la *Laveuse de vaisselle*; ni M. Fauvelet, remarquable par la finesse de son exécution; ni M. Pezout, qui trouve de bons effets malgré son travail plus lâché; ni M. Detouche enfin, qui ferait bien, si en voulant faire trop bien, il ne tombait pas dans la sécheresse.

M. Roëhn a des intérieurs qui sont des chefs-d'œuvre de bien-rendu; citons surtout l'*Enseignement mutuel*, tableau rempli de finesse et très-bien éclairé, quoiqu'un peu trop noir.

Les *Intérieurs* de M. Frère méritent une appréciation à part; ils ont une largeur d'exécution et en même temps une sagesse et une sobriété de ton et de détails qui arrêtent et frappent tous les véritables amateurs. Ils rappellent avec bonheur les meilleures créations de l'école flamande; le *Chapelet* surtout est parfait de vérité, de ton, de tranquillité et d'harmonie.

Avant de quitter les bijoux microscopiques, donnons un mot d'éloge au petit pastiche de

Watteau de M. Wattier, et surtout au chef-d'œuvre du plus grand peintre de Lilliput. M. Lanfant de Metz, dont le tableau intitulé le *Retour des Conscrits* est un véritable tour de force et en même temps une fantaisie délicieuse pour éventail.

M. Charles Giraud fait toujours les jolis *intérieurs* que l'on sait; M. Couder n'oublie pas non plus qu'il a des admirateurs auxquels il doit tous les ans quelques jolies productions.

M. Philippe Rousseau est peut-être moins heureux que l'année passée dans sa *nature morte*; mais son *Rat retiré du monde* est un bijou, et sa *Basse-cour* se distingue aussi par beaucoup d'étude et de vérité.

En fait de *basse-cour*, cependant, nous aimons mieux celles de M. Lafitte, qui dans leur genre sont de petits chefs-d'œuvre. Citons surtout la plus petite, intitulée un *Coin de basse-cour*, délicieuse miniature où, sur une toile grande comme la main, se découvre tout un monde de détails pleins de finesses exquises.

Que dire des fleurs et des fruits de M. Saint-

Jean? Il y a là, surtout dans le premier tableau intitulé, *Fruits dans un parc*, une
étude, une vérité et une transparence inouïes.
L'exécution est précieuse et soignée comme
celle des anciens, et ce tableau pourrait être
placé au Musée sans perdre aux voisinage des
Van Huysum. A côé des tableaux de fleurs de
M. de Saint-Jean se trouvent ceux de M. Reignier, un autre peintre lyonnais, qui a encore
bien du talent.

Les deux MM. Leleux sont de ces artistes consciencieux dont le public aime à retrouver tous
les ans quelques tableaux au Salon. Partis tous
deux du même point, ils arrivent à des résultats bien différents, mais toujours leurs œuvres sont de celles qui arrêtent les observateurs. Nous aurions presque pu classer cette
année M. Armand Leleux avec MM. Meissonnier, Frère, etc. Il nous a donné trois intérieurs d'une belle couleur et d'un bon effet ;
sa *Posada* est, je crois, son principal tableau ;
la composition s'arrange bien et l'ensemble a
de l'harmonie.

L'exécution de M. Ad. Leleux est très-lâchée,

trop lâchée même peut-être. Il continue à chercher des inspirations dans les souvenirs de nos discordes civiles ; mais nous trouvons qu'il tombe dans la peinture de décor. Ainsi, dans son *24 juin 1848*, les fonds, les *décors* enfin sont parfaits de relief et de vérité, mais les personnages s'enfoncent dedans, parce que l'exécution est un peu molle et un peu pâteuse. La *Place du marché à Dieppe* manifeste à peu près les mêmes défauts ; elle est, de plus, éclairée par un coup de soleil bien jeté, mais trop pâle.

Nous sommes fâché d'avoir à faire des reproches à M. Biard, mais nous trouvons que son bagage artistique de cette année n'est guère digne de lui. Il tombe dans les teintes grises d'une façon désolante. Son tableau de caricaturiste représentant un sermon dans une église de village, renferme cependant des figures très-expressives, très-vraies et très-bien peintes ; citons surtout les têtes des trois paysans du premier plan et celles des dignitaires assis dans le banc d'œuvre. Mais la grande toile que M. Biard a intitulée : *Sibylle*

12.

Mérian et le petit chevalier de Rosander, nous paraît en tout point mauvaise.

Mais ce qui n'est pas gris, et ce qui est, au contraire, d'une de ces couleurs si riches, si bri lantes et en même temps si splendidement harmonieuses que cela arrête tous les observateurs, c'est la *Femme d'Alger*, de Mme Bertaut. Il y a là des tons introuvables volés au soleil d'Afrique. Quel dommage que Mme Bertaut ait contourné sa *Femme d'Alger* d'une façon si impossible et si forcée!

Comme couleur aussi, mais dans un autre genre et avec un effet vrai et bien écrit, citons bien vite le *Gitano* et la *Gitana* de M. Porion. C'est de la bonne et sage peinture, comme il nous en faudrait beaucoup.

M. Schützemberger nous donne encore de gracieuses et poétiques créations, un peu grises peut-être, mais le gris est à la mode. M. Baron est toujours le peintre aux compositions heureuses et savantes, et à la riche et brillante palette. Il est surtout *habile* autant que possible ; sa *Scène d'Automne* nous plaît infiniment ; sa *Scène d'Été*, destinée à faire pendant, est peut-être un peu moins heureuse, parce qu'il y a quelques duretés.

Toute la catégorie de tableaux comprise sous la dénomination générale de *tableaux de genre* continue en somme à contenir les œuvres les meilleures et les plus irréprochables du Salon. Tandis que la peinture d'histoire s'en va peu à peu, la peinture familière, la peinture *bourgeoise*, si l'on peut s'exprimer ainsi, prend des proportions immenses et une importance de premier ordre.

VI.

PORTRAITS. — MM. Hébert, Chaplin, Dubufe, Léon Cogniet, Léman, Lehman, Laëmlein, Ch. Louis Müller, Karl Müller, E. Giraud, Mme Fournier-Bernard, Robert et Mme Coëffier.

Grâce au nouveau règlement qui défend aux artistes d'envoyer chacun plus de trois tableaux au Salon, nous sommes délivrés cette année de la masse innombrable de portraits d'hommes, de femmes et d'enfants, qui encombraient nos dernières expositions. Borné à un nombre fixe d'ouvrages, chaque peintre se trouve obligé de choisir parmi ses œuvres celles qui sont les plus achevées et les mieux

réussies; c'est pourquoi nous ne voyons plus
guère en fait de portraits que des peintures
consciencieuses, et sinon parfaites, au moins
honnêtes.

Le portrait est peut-être une des branches
les plus importantes de la peinture ; c'est, pour
ainsi dire, la vivification de l'art. Les peintres
des grandes époques et des grandes écoles
nous ont laissé des portraits qui sont des
chefs-d'œuvre, témoin celui qui vient de passer de la galerie de M. de Morny dans les salles
du Musée du Louvre. Un portrait ressemblant,
vrai et parfaitement étudié, est tout un poëme;
il raconte toute une existence et révèle toute
une âme, toute une intelligence, toute la magnifique organisation d'une personnalité humaine, en un mot.

Nous avons quelques bons portraits à l'exposition de cette année. Ceux de M. Hébert
surtout nous ont particulièrement frappé,
comme pleins de vérité d'abord, et surtout
comme rendant bien les types de leurs modèles. Le portrait de femme en robe de barége
bleu, qui a été enlevé au second placement,

est admirable de flou, de délicatesse, de vaporeux et d'expression exaltée. Le second portrait de femme brune, type italien, a un caractère de tristesse nostalgique, expressif et communicatif. Le portrait d'homme est aussi bien vrai, bien rendu, et d'une exécution savante et sobre ; mais c'est plutôt une étude qu'un portrait.

Les portraits de M. Chaplin sont encore réussis. Celui de la femme en robe grise est surtout harmonieux. Mais en voyant ces portraits de près, on trouve la peinture un peu lâchée et le coup de pinceau un peu mou ; or les portraits, destinés à être placés dans un appartement, doivent nécessairement être vus de près, et il ne faudrait pas oublier cette circonstance.

Par exemple, M. Dubufe a parfaitement prévenu cette observation. Certes ! on ne peut pas reprocher à ses portraits le manque de fini ! Comme c'est peint, comme c'est fait ! On détaillerait les pores de la peau, on serait presque tenté de chiffonner les plis soyeux et brillants de ces robes de bal. Les figures, les bras,

les mains, tout est exécuté avec la même perfection. — Les *bourgeois* vont raffoler de la
peinture de M. Dubufe, disent les artistes, et
en peignant des portraits, il fera une fortune
colossale en cinq ou six ans. — Eh mon Dieu!
si les portraits de M. Dubufe sont aussi ressemblants qu'ils sont jolis et bien peints, pourquoi n'en raffolerait-on pas? — Ce serait la perfection du genre.

Un portrait de Léon Coignet est un événe-
ment artistique. Voilà de la peinture comme
les vieux maîtres la faisaient, voilà une physionomie expressive et un type rendu! C'est
sage, c'est sévère, c'est consciencieux et sobre
en même temps que vrai, et certainement c'est
ressemblant.

M. Léman mérite d'obtenir en fait de portraits un des succès de l'exposition; il en a
deux dont la ressemblance est parfaite et l'exécution très-soignée. Le portrait d'homme surtout manifeste d'excellentes qualités.

Les portraits de M. Lehman sont toujours
exécutés à peu près de même. C'est très-rendu,
très-étudié, mais sec et dur.

Il y a encore au Salon plusieurs bons portraits, mais notre cadre restreint nous oblige à ne rendre compte que de ceux qui attirent particulièrement l'attention. Citons donc encore, en fait de peinture à l'huile, ceux de MM. Laëmlein, Charles-Louis Müller, Karl Müller, et passons aux pastels.

Latour nous a prouvé que les portraits au pastel bien faits pouvaient être des chefs-d'œuvre, et M. E. Giraud semble prendre à tâche de maintenir cette opinion par des preuves aussi concluantes. Son portrait de M. de Nieuwerkerque est une des œuvres les plus remarquables du Salon, et, à ce qu'il nous a semblé, un des plus remarquables pastels qui aient été faits. Le caractère du modèle, surtout, a été rendu avec une perfection rare, et personne n'ignore que M. de Nieuwerkerque a une fort belle tête et que la renommée le place parmi les plus beaux cavaliers de France. M. E. Giraud sait faire le pastel ; il sait admirablement fondre ses teintes, mêler ses couleurs et empâter ses fonds; sa couleur est chaude et harmonieuse, et son exécution ha-

bile, brillante et soignée. Il est passé maître,
et je ne sais pas même si après avoir vu son
pastel, il est possible, cette année, d'en remarquer un autre.

Oui, en vérité, je ne sais si c'est parce que
M. Giraud écrase ses confrères, ou parce que
nous sommes réellement très-pauvres, mais je
ne vois guère, dans la salle des pastels, que
des portraits faibles, insignifiants et plâtreux.
Exceptons cependant l'œuvre d'une dame qui
trouve le moyen de se faire remarquer, et,
chose prodigieuse, cette œuvre est placée directement à côté du portrait de M. de Nieuwerkerque. Il faut nécessairement alors que le
portrait de Mme B., par Mme Fournier-Bernard,
soit gracieux et bien fait, et c'est ce qui arrive,
car Mme B. est charmante, et Mme Fournier-
Bernard dessine avec soin et sentiment, pose
bien ses modèles, et enveloppe l'ensemble de
son tableau dans une couleur douce et harmonieuse.

Citons encore cependant parmi les pastels,
comme ayant de bonnes qualités, les portraits
de M. Robert et de Mme Coëffier.

13

VII.

Le Paysage. — MM. Daubigny, Barriat, Th. Rousseau, Ziem, Gudin, Justin Ouvrié, Jeanron, Flers, Desbrosses, Louis Boulangé, A. Bonheur, Haffner, Lambinet, Jules Noël, Brissot, Corot, Cabat, Gaspard Lacroix, Français, Pron, Coignard et Palizzi. — Conclusion.

Le paysage est aujourd'hui la seule branche de l'art qui fasse des progrès réels. L'école du réalisme et de la couleur l'a lancé dans une voie nouvelle et l'a tiré de la vieille ornière où nos *classiques* se traînaient en imitant Poussin.

Il y a vingt ans on *composait* encore des paysages, et certes, si quelque oseur se fût permis d'exposer un arbre planté seul au milieu d'un pré, ou bien un coin de lande aride, ou bien un pan de mur crépi à la chaux, ou bien une chute de terrain comme l'a fait cette année M. Courbet, les jugeurs, même les plus indulgents, se fussent récriés bien fort et eussent rappelé le délinquant à la pudeur.

Eh bien ! cependant cet arbre, ce pan de mur, ce coin de landes, valent mieux souvent que tous les paysages consciencieux de nos classiques, parce qu'ils sont vrais, parce que l'on y sent l'air, la vie et la vérité. Nos nouveaux paysagistes n'inventent pas : ils copient. Ils .comprennent que la nature telle que Dieu l'a faite est plus belle que toutes les créations de leur cerveau, et que le coquelicot qui lève sa tête éclatante au milieu d'un champ de blé, que le brin d'herbe ou le bluet qui poussent sur les guérets contiennent toute une poésie et toute une révélation qu'il ne leur est pas permis de refaire. Aussi quel charme retient le véritable observateur devant leurs œuvres, encore imparfaites cependant ! Car, il ne faut pas s'y tromper, l'école du paysage commence seulement à naître et elle a encore plusieurs années à travailler avant de produire son chef-d'œuvre. Mais déjà que de tableaux surprenants, et de coins de tableaux délicieux et irréprochables! C'est la nature prise sur le fait, la vérité qui saisit, la vie que l'on sent palpiter et frémir!

Je sais bien que l'on reproche, et avec raison parfois, à notre nouvelle école de paysagistes, de faire par trop abnégation du dessin et d'exposer comme finis des tableaux qui ne sont véritablement que des ébauches. Sans doute, il vaudrait mieux que nos artistes, non contents d'obtenir *l'effet*, songeassent aussi à réaliser la forme par *l'exécution*, et si MM. Corot, Rousseau, Daubigny, etc., pouvaient ou voulaient *faire* comme Calame, nous obtiendrions la perfection et le chef-d'œuvre. Mais n'est-ce pas déjà beaucoup d'être arrivé à rendre ces effets fugitifs de la nature vraie, où la vie et la vérité semblent avoir été prises sur le fait? Eh! mon Dieu! les tableaux de nos ovateurs sont de belles pages d'éloquence qui

contiennent des fautes d'orthographe, voilà
tout !

C'est ce que nous prouve, malheureusement
une fois de plus, M. Daubigny, qui a au Salon
deux jolis paysages, dont l'un serait délicieux
s'il n'était pas tronqué par des duretés cho-
quantes. *La Moisson* est une sorte de panorama dont les premiers plans sont d'une vérité, d'un effet et d'un sentiment irréprochables. Les blés et les terrains semblent volés à
la nature ; la moissonneuse est bien jetée et
d'un bon effet ; mais les seconds plans et les
fonds !..... Comment M. Daubigny, qui enveloppe ses tableaux dans des teintes si transpa-
rentes et si blondes, a-t-il pu faire ses fonds si
secs, si lourds et si durs ? C'est un véritable
guet-apens ; il nous a gâté là un des meilleurs paysages du Salon.

Son autre tableau intitulé : *Une vue prise sur
les bords de la Seine*, est lumineux, blond et
transparent. Les eaux sont très-belles. A propos des *vues* des bords de la Seine et des tableaux blonds et transparents, citons la *Vue*

prise au bas Meudon, de M. Barriat, qui est
une très-jolie peinture.

M. Théodore Rousseau, que nous n'aimions
pas l'an passé, ou du moins que nous ne comprenions pas, se révèle à nous aujourd'hui. Il
a envoyé deux petits paysages qui sont de vrais
bijoux. Le premier surtout, qui est, je crois, un
effet de rosée, est d'une vérité, d'une finesse,
d'une couleur et d'une fraîcheur charmante ; il
y a mille intentions délicieuses et il est fort
habilement exécuté. Disons-en autant du second, dont le ciel, les arbres et les eaux sont
d'une vérité puissante ; mais les premiers plans
ne sont-ils pas trop obscurs et ne sentent-ils pas
trop le repoussoir ?

La délicieuse *Vue de Venise,* de Ziem, est un
des quelques tableaux qui rachètent l'indigence
du Salon de 1852. C'est étincelant de couleur,
de lumière et de caprice. Il y a là-dedans une
adresse, disons mieux, un bonheur extraordi-
naire ; car le ciel et la mer ont de ces tons res-
plendissants qui ne se rencontrent que par
hasard à ces heures suprêmes où la nature est
en fête et déploie avec orgueil ses plus riches

vêtements. Les deux autres tableaux de
M. Ziem comptent aussi parmi nos meilleurs.
Il semble avoir le secret de poétiser la nature
et de donner au crépuscule des charmes plus
pénétrants, plus mélancoliques et plus harmonieux.

Que dire des marines de Gudin ? — Toujours
la même chose ! Elles continuent à manifester
un talent inouï et une splendide richesse de
palette; mais les fonds lumineux tournent
toujours un peu à la crème fouettée...

Ce n'est pas sur les grèves resplendissantes
du grand canal que M. Justin Ouvrié va chercher ses inspirations. Il ose peindre la prosaïque cité de Londres et les bords de la Tamise,
et cependant son audace trouve des approba-
teurs; car il y a d'excellentes qualités de coloriste même dans ces souvenirs de la brumeuse
Albion.

M. Jeanron, comme paysagiste, conserve ses
excellentes qualités de réaliste, un peu poëte
et toujours harmonieux. M. Flers n'avance
pas; au contraire, ses progrès marchent à re-
culons, et c'est dommage; M. Desbrosses a

fait un joli petit tableau blond ; M. Louis Beu-
langé a de l'avenir : ses forêts sont bien peintes et indiquent chez leur auteur un vrai sentiment de l'art. M. A. Bonheur montre aussi
beaucoup d'étude de la nature, et M. Haffner
sent qu'il a une réputation à soutenir ; mais il
fait ses verdures si vertes que cela pourrait
presque servir d'excuse à ceux de nos peintres
qui les font rousses.

Le paysage nous donne encore d'excellents
tableaux inscrits aux noms de MM. Lambinet,
qui fait de la peinture vraie et consciencieuse ;
Jules Noël, qui manifeste toujours de bonnes
et solides qualités, et Brissot, dont les paysages s'arrangent bien et témoignent de l'étude
et de la conscience.

M. Corot est toujours notre paysagiste aimé.
Cependant son salon de cette année est moins
heureux que le précédent, malgré son effet de
Soleil couchant, plein de charme et de rêverie,
sa *Vue* de la Rochelle, si vraie et si harmonieuse, et son *Repos*, dont les profondeurs
poétiques font rêver les splendeurs d'un autre
univers. Mais M. Corot abuse un peu des tons

noirs, et nous croyons devoir lui conseiller de les blondir un peu. — Et à propos, pourquoi n'expose-t-il pas ses *études ?...* Lecteur, nous en avons vu chez lui de délicieuses , et puisqu'il ne les montre pas.... boudez-le.

M. Cabat, que nous croyions en décadence l'an passé , semble avoir réuni aujourd'hui toute sa science à la poésie de Corot pour nous donner une délicieuse création qui semble inspirée par les souvenirs du pays des fées... Les ombres sont toujours un peu noirs et les arbres bien proprement peignés.... mais c'est si joli !...

M. Gaspard Lacroix marche dans la même voie heureuse ; M. Français continue à être un délicieux artiste, et ses effets d'automne, quoiqu'un peu confus, sont d'une mélancolie ravissante ; et M. Pron, qui fait aussi des effets d'automne, nous donne des études pleines de vérité et de poésie, où chatoient les bruyères roses, et où se mêlent les teintes brunes et harmonieuses dont les dernières caresses du soleil habillent la nature , quand les feuilles tombent , quand la brise fraîchit , quand les

14

premières gelées blanches rougissent les pampres de la vigne...

Il y a déjà longtemps que nous savons que
Mlle Rosa Bonheur nous manque au Salon, et
nous ne pouvons pas encore nous résigner à
son absence... Cependant voici M. Coignard,
qui ne manque pas à l'appel, et qui nous donne
de beaux bœufs bien musclés, bien hardis,
bien posés et bien agencés dans un paysage
harmonieux et vrai. Quant à M. Palizzi, ses deux
tableaux ont déjà beaucoup attiré l'attention;
car on n'ignore pas que M. de Morny en a
choisi un pour sa nouvelle galerie. — Eh bien!
faut-il le dire? Celui-là n'est pas celui des
deux que nous aimons le mieux. Il y a quelques duretés, et les détails papillottent un peu,
tandis que l'autre est très-harmonieux et attire l'attention par de jolis rapports de tons,
un ciel fin et un paysage vrai et bien rendu.

Terminons ici cette revue du Salon de 1852.

Les limites que nous nous sommes imposées
ne nous permettent pas de consacrer une appréciation plus étendue aux œuvres les plus
remarquables, et de citer bien des noms obs-

curs encore, et qui nous semblent appelés plus
tard à conquérir des succès. La publicité est
avare... et cependant parmi nos confrères, nous
comptons comme généreux.

On a beaucoup répété que le Salon de 1852
n'était pas riche. — Eh mon Dieu ! Il faut bien
le reconnaître, et cependant il est injuste de se
plaindre. Nous avons une statue de Pradier...
hélas ! nous n'inscrirons donc plus ce nom
l'année prochaine... et plusieurs tableaux hors
ligne. Maintenant si quelques grands noms
manquent au livret, si les galeries du Palais-
Royal ne sont pas émaillées de ces œuvres de
maîtres qui attirent les regards passionnés des
amateurs, constatons au moins que, sauf de
très-rares exceptions, l'exposition est honnête et consciencieuse, et que dans la plupart
des tableaux, si le génie manque souvent, du
moins y a-t-il toujours du talent.

— Que pensez-vous du Salon de cette année? demandai-je dernièrement à un bourru
fantaisiste de mes amis.

— Eh bien, mon cher, me répondit-il, c'est
un brave homme dont les mœurs sont irré-

prochables, bon père, bon époux, payant bien ses billets , ne devant rien à personne , qui se retirera bientôt des affaires et qui pourra volontiers faire la quête derrière le suisse de sa paroisse en disant fièrement :

Pour les pauvres, s'il vous plaît !...

FIN.

IMPRIMERIE CENTRAL. NAPOLÉON CHAIX ET Cie RUE BERGÈRE, 20.

PARIS — IMPRIMERIE CENTRALE DE NAPOLÉON CHAIX ET Cⁱᵉ, RUE BERGÈRE, 20.

www.ingramcontent.com/pod-product-compliance
Lightning Source LLC
Chambersburg PA
CBHW050013100426

42739CB00011B/2622